AF589677

A sa Grandeur MONSEIGNEUR SIBOUR, Archevêque de Paris.
Membre du Sénat.

L'ART
D'ACCOMPAGNER LE PLAIN-CHANT ROMAIN

Méthode claire et facile

PAR

J. WACKENTHALER

Organiste et Maître de Chapelle de la Cathédrale de Strasbourg

PRIX NET : 5 FR.

PARIS. FLEURY, EDIT.R
16, Rue S.t Placide.

L. R.

A SA GRANDEUR MONSEIGNEUR **SIBOUR**

ARCHEVÊQUE de PARIS, MEMBRE du SÉNAT.

Monseigneur,

Une méthode d'accompagnement du plain-chant (romain) pour les organistes était désirée depuis long-temps. Votre Grandeur a bien voulu permettre que l'ouvrage que j'ai composé pour combler cette lacune paraisse sous ses auspices; c'est en assurer le succès. J'ose aujourd'hui, Monseigneur, en offrir la dédicace à Votre Grandeur.

Daignez, Monseigneur, agréer ce faible hommage de la reconnaissance sans bornes et de la vénération la plus profonde avec lesquelles j'ai l'honneur d'être,

De Votre Grandeur,

le très humble, très obéissant,
et très dévoué serviteur,

J.WACKENTHALER.

Maitre de Chapelle et
Organiste de la Cathédrale de STRASBOURG.

L'ART D'ACCOMPAGNER

LE PLAIN-CHANT ROMAIN.

Par

J. WACKENTHALER.

Organiste et Maître de Chapelle de la cathédrale de Strasbourg.

INTRODUCTION.

J'expose dans ce petit recueil l'art d'accompagner le Plain-chant Romain d'après des règles fournies par une longue tradition, et par des hommes qu'on peut citer comme autorité. Il est vrai, qu'ici (à Strasbourg) on est loin d'accompagner le plain-chant comme on le fait dans bien des diocèses de l'intérieur de la France, en mettant le chant à la basse, c'est au contraire à l'aigu qu'on le place, afin que les chantres l'entendent et puissent être guidés; cette autre manière étant uniquement réservée aux faux-bourdons, c'est-à-dire aux plain-chants à plusieurs voix. Je ne fais usage que des accords parfaits majeurs et mineurs, comme étant les plus purs et les plus harmonieux. Honneur et louange à nos Supérieurs ecclésiastiques pour avoir conservé nos livres de plain-chants dans leur pureté primitive, car aujourd'hui encore, ils sont parfaitement d'accord avec la nouvelle édition de Rheims.

1.er TON.

Gamme du premier TON, appelé par les anciens Mode DORIEN.

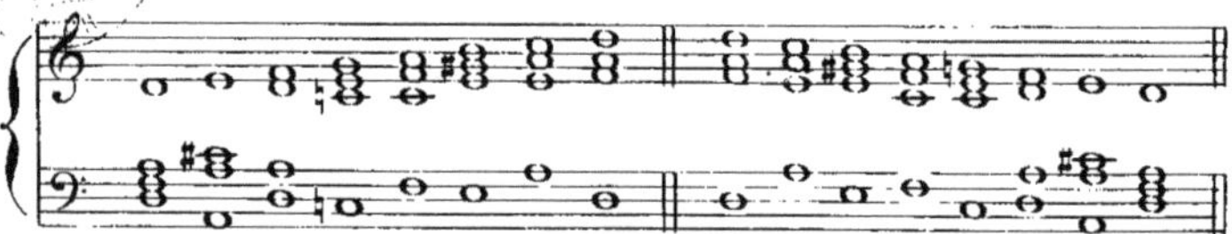

Cette gamme, où il n'y a pas de Si ♭, est la plus ancienne de ce mode.

Manière d'accompagner les notes additionnelles, soit à l'aigu, soit au grave.

RÉ, première, s'accompagne de l'accord de Ré Mineur, lorsqu'il termine un membre de phrase.

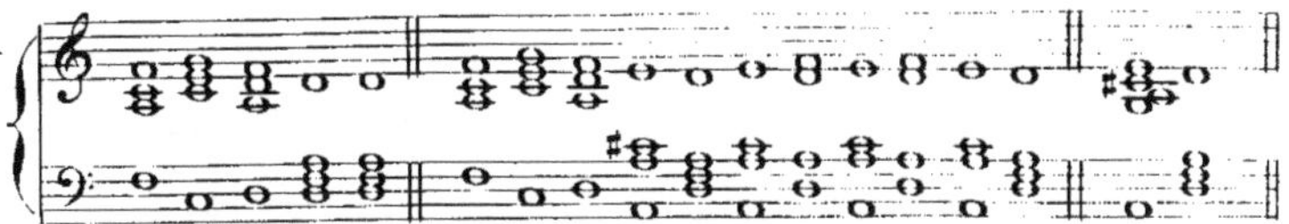

Pour le **MI**, avant dernière note, on peut ajouter la 7.me à l'accord parfait pour caractériser le repos.

RÉ, après un repos sur Ut, prend l'accord de **SI** bémol lorsqu'il passe à **FA** ou à **LA**.

Le **RÉ** s'accompagne de l'accord de **SOL** Majeur quand il passe à **UT**.

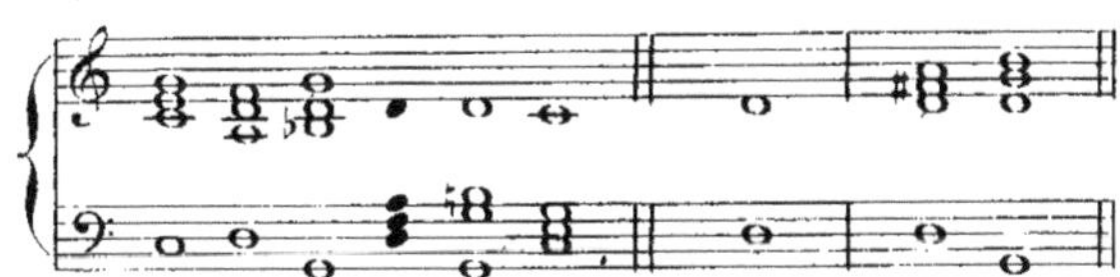

Dans ce cas il vaut mieux ne pas l'accompagner, et en laisser l'harmonie douteuse, car la distance des accords est trop grande.

MI, deuxième, placé entre deux **RÉ**, ou entre **FA** et **RÉ**, ou enfin dans une suite de notes qui s'étend de **RÉ** à **SOL**, prend l'accord de **LA** majeur.

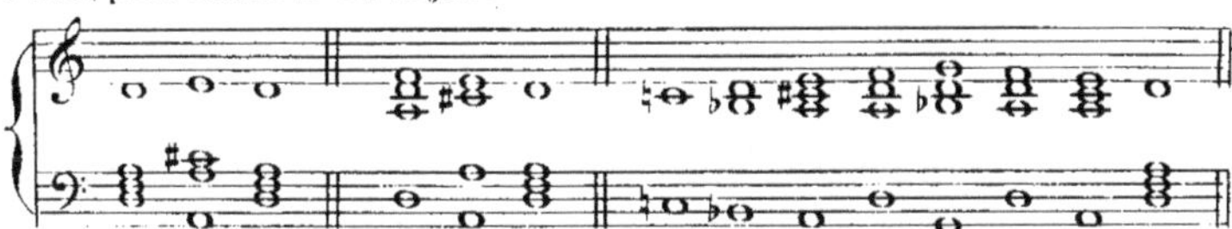

Le **MI**, entre deux **FA**, prend l'accord d'Ut majeur, il en est de même de **MI** qui conduit à **UT**.

Quand le **MI**, placé entre deux **FA**, passe à **RÉ** pour y faire un repos, il prend l'accord d'**Ut** jusqu'au moment où il passe à **RÉ**, et ce n'est qu'au dernier **MI** qu'on donne l'accord de **LA** majeur.

FA troisième, s'accompagne de l'accord de **RÉ** mineur, quand il passe à **RÉ**.

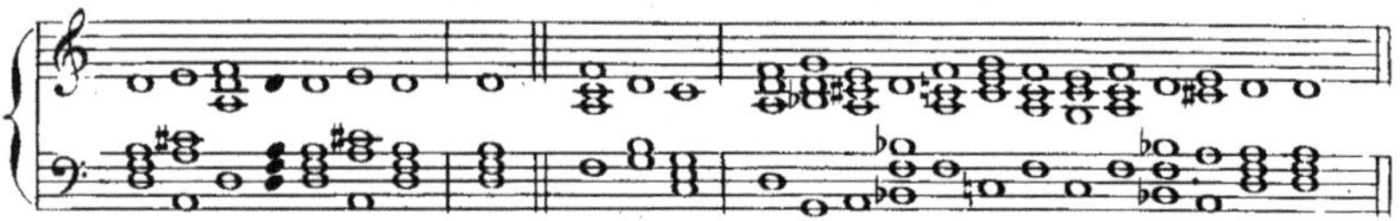

FA, première note d'une phrase, ou note intermédiaire d'une phrase qui passe à **LA** pour revenir à **FA**. ou rester à **LA**, prend l'accord de **FA** majeur.

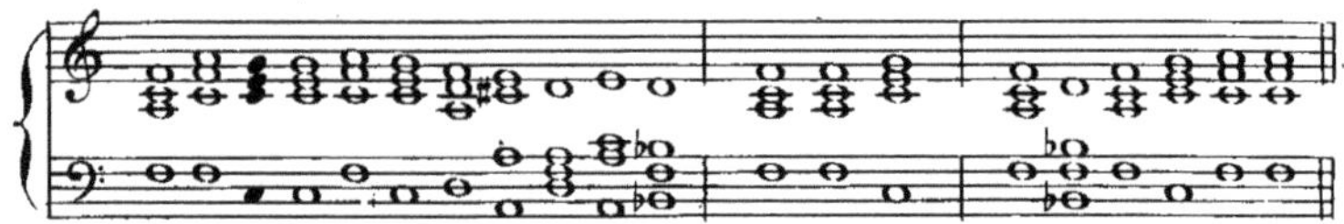

Le **FA** entre **LA** et **RÉ** conserve l'accord de **FA** majeur.

SOL, quatrième, prend l'accord d'**UT** majeur, quand il est placé entre deux **FA**, dont le second passe à **LA**.

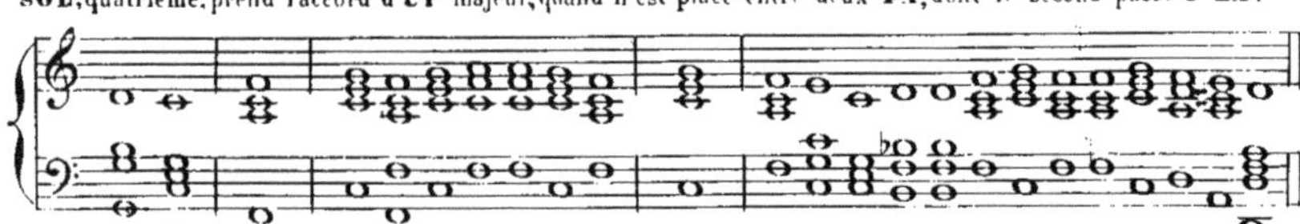

SOL, quatrième, prend l'accord de **SOL** majeur, quand il fait une cadence passagère, pour revenir soit à **FA**, soit à **RÉ**.

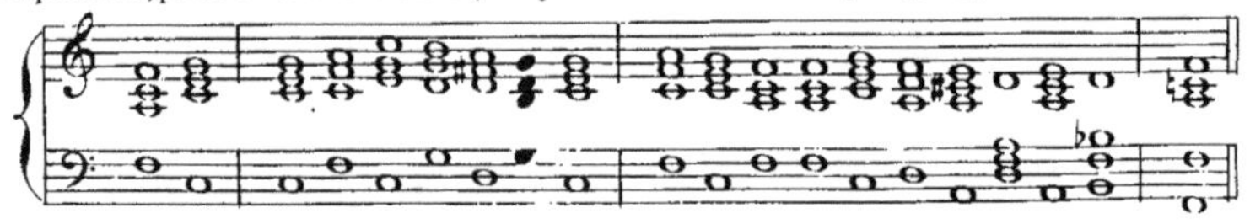

Lorsque le chant fait un repos sur **SOL**, il faut donner l'accord de **SOL** Majeur à la quatrième.

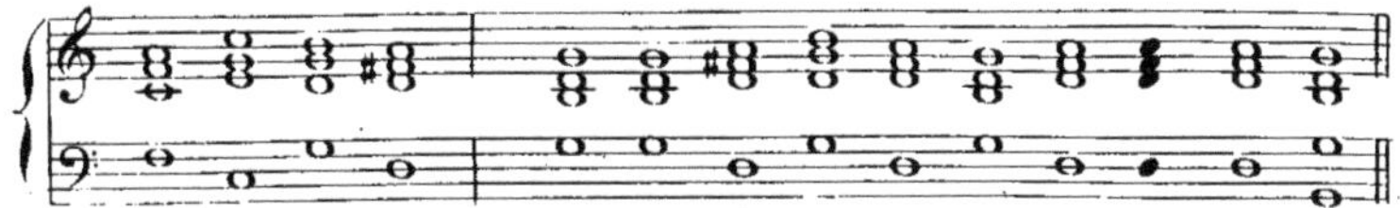

SOL, commençant une phrase qui passe à **RÉ** et à **FA**. prend l'accord de **SOL** mineur; il en est de même lorsque le chant passe de **RÉ** à **SOL**.

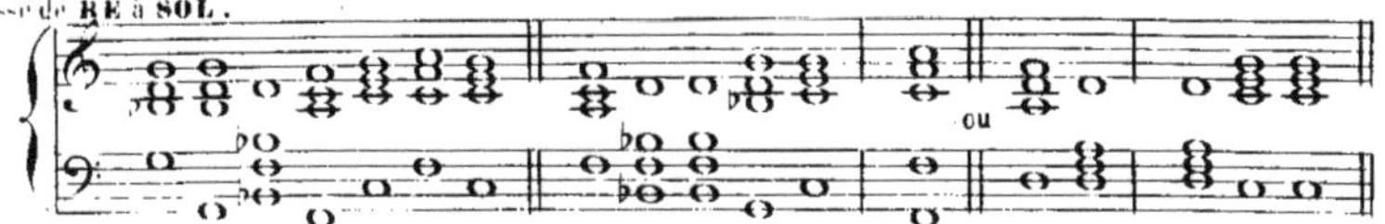

LA, cinquième, précédé d'un **SOL**, prend l'accord de **FA** Majeur.

Avant de continuer la suite d'accords qui peuvent accompagner le **LA** dans ses différents rapports, il est nécessaire de rendre compte de la présence du **SI ♭** dans la gamme du 1.er ton, auquel cette note est entièrement étrangère.

Si nous examinons la formation des gammes des tons du plain-chant nous trouvons douze gammes au lieu de huit, nombre admis pour le plain-chant, savoir:

Gamme modèle de laquelle toutes les autres sont formées. Mode **IONIEN** des anciens.

Ce qu'il y a de remarquable, c'est que cette gamme ne figure aucunement parmi celles des huit tons du plain-chant, elle n'y figure effectivement que comme transposition.

Gamme du premier Ton appelé **DORIEN**.

Gamme du troisième Ton appelé **PHRYGIEN**.

Gamme du cinquième Ton appelé **LYDIEN**.

Cette gamme admet quelquefois le **SI ♭** et alors elle complète celle d'**I** T[illegible] ne figure point dans le plain-chant.

Gamme du septième Ton appelé **MIXOLYDIEN**.

Gamme du neuvième Ton, c'est-à-dire du ton qui ne figure point réellement dans le plain-chant, mais qui a passé au 1.er d'abord parcequ'elle est trop élevée pour les voix, et qu'elle ne diffère que très peu de la 1.re l'addition du **SI** bémol suffit pour rendre à la première toute ressemblance avec celle-ci.

[illegible] **RÉ** [illegible] **SI ♭**.

Modification de la gamme du premier ton.

Les six gammes précédentes sont appelées gammes Authentiques, parcequ'elles commencent toutes les six par la note finale des chants de ces tons; les six suivantes que je vais tracer ici sont appelées gammes Plagales, parcequ'elles commencent une quarte au-dessous de cette finale.

Comme les gammes authentiques qui commencent par **UT** et par **LA**, ainsi que leurs plagales, ne sont pas usitées pour les antiennes, et qu'il n'existe dans nos livres qu'un ou deux modèles de chant, qu'on transpose d'après les autres gammes, il n'y a que les huit autres qui nous restent en plain-chant. Les hommes éclairés, qui viennent de nous donner l'édition nouvelle du Graduale Romanum, auraient mieux fait de s'en tenir à ces huit tons plutôt que d'en admettre douze, parcequ'on aurait vu au moins qu'ils sont autant amateurs de la simplicité que de l'antiquité.

On peut voir actuellement pourquoi il y a **SI** ♭ dans le 1er ton, ainsi que plus tard dans le cinquième et sixième.

LA après un **SOL** qui passe à **UT** ou qui suit un **SI** ♭ prend l'accord de **FA**.

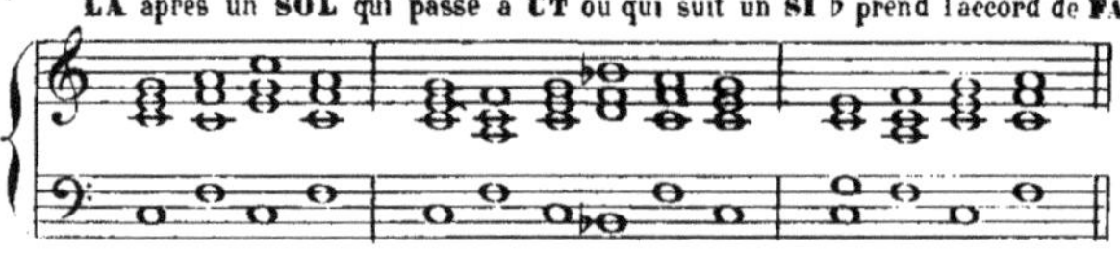

LA après un **RÉ**, s'accompagne de l'accord de **FA** majeur; il en est de même lorsqu'il est placé entre **FA** et **UT**.

Quand on évite la cadence en **LA** mineur, on ne change pas l'accord de **LA**, c'est-à-dire on l'accompagne de l'accord de **FA** majeur.

LA, après un **RÉ** première note d'un chant et suivi d'un **SI**, qui revient à **SOL**, prend l'accord de **RÉ** majeur.

LA. prend l'accord de **LA** mineur, quand il y a cadence sur cette note.

SI. sixième, s'accompagne de l'accord de **SOL** majeur. lorsqu'on descend d'**UT** à **SOL**.

SI, prend l'accord de **MI** mineur. quand on évite la cadence sur **LA**.

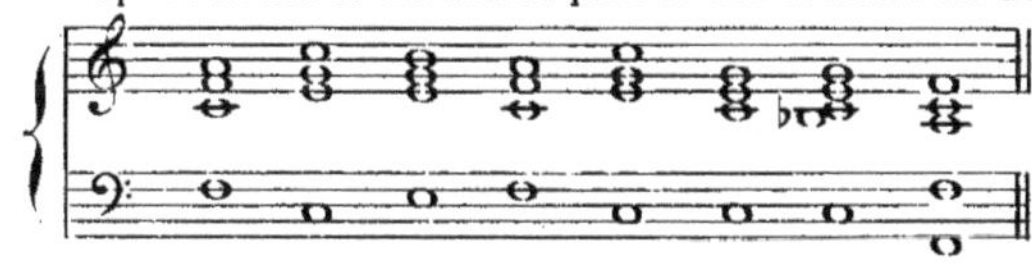

SI, prend l'accord de **MI** majeur, quand il conduit d'**UT** à **LA** pour y annoncer une cadence.

SI ♭ sixième, provenant de la transposition de la gamme de **LA** sur celle de **RÉ**, placé entre deux **LA**. s'accompagne de l'accord de **SI ♭** majeur, ou quelques fois de l'accord de 7.me sur **UT** d'après le choix de l'accompagnateur.

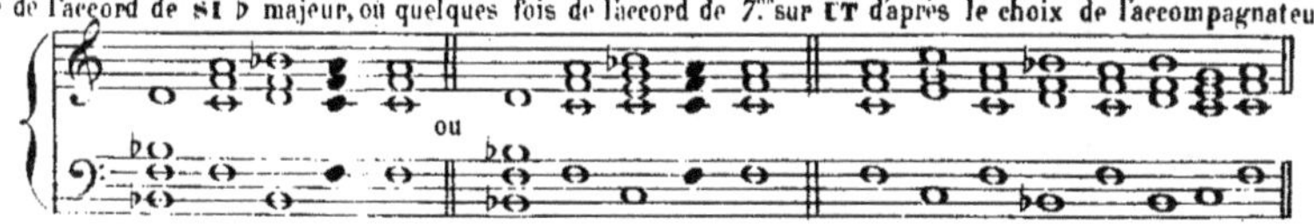

L'**UT**. septième. s'accompagne de l'accord d'**UT** majeur.

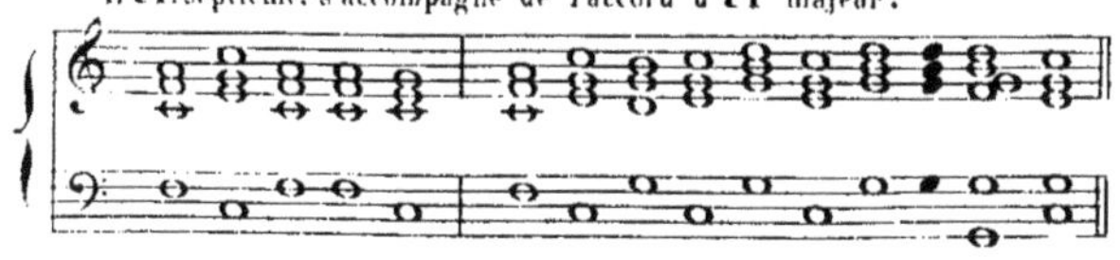

Avant de parler de l'UT dièze, et de la manière de l'accompagner, il est de mon devoir d'exposer les motifs qui me font admettre cet intervalle, car non seulement je le trouve placé dans la Missa Regia de notre Graduel, par qui je ne le dirai pas, mais l'usage qu'on en fait dans certains cas, et que je ne puis désaprouver, m'y contraignent. Il est généralement admis et prescrit à tout chantre de dièzer l'UT, quand il est placé entre deux RÉ dont le second fait repos. Je sais bien que ce principe n'est pas celui de tout le monde, mais au moins je vois qu'il est fondé, sinon sur le système ancien, du moins sur celui de la musique actuelle, car dans les gammes mineures de notre système, le dernier des artistes sait qu'il est obligé de hausser la septième d'un demi-ton lorsqu'il veut faire un repos sur la huitième. Que de concessions ne fait on pas à l'organiste accompagnateur pour les notes intermédiaires, afin que son harmonie soit correcte ? Pourquoi n'en ferait on pas même une seule au chantre pour que son oreille soit satisfaite? Qu'on consulte donc la collection des pièces de musique religieuse publiée par Mr Alexandre CHORON, et dans les Ricercari a quattro voce di Giov: Pietr: Alois da Palestrina, on trouvera l'UT dièze placé dans la même acception que nous l'admettons: on peut donc dire sans crainte que de tous temps les chantres avaient non seulement le droit de le faire, mais que cette obligation leur était imposée par la position des notes. (Il ne faut pas s'étonner si on lit dans le chapitre de la Revue et Gazette musicale où Mr Adrien de LA FAGE parle des Neumes employées à la notation du plain-chant: « Sachons donc nous contenter des moyens que nous possédons de remonter au plain-chant tel qu'on l'a connu au XIe siècle, ce sera encore beaucoup, et peut-être ne gagnerions-nous pas grand'chose à remonter plus haut, si ce n'est de satisfaire notre curiosité. ») Ce point établi je continue.

Ut dièze, septième accidentelle, prend l'accord de LA majeur; il est ordinairement placé entre deux RÉ; Il n'y a d'exemple que dans la Missa Regia.

RÉ, huitième, s'accompagne de l'accord de SI bémol.

RÉ, prend l'accord de RÉ mineur, quand il sert de terme à une modulation ascendante.

MI, neuvième additionnelle, s'accompagne de l'accord d'UT majeur ou de celui de LA majeur, selon qu'il est précédé d'un RÉ accompagné de l'accord de SOL majeur, ou de celui de RÉ mineur.

FA, dixième, prend l'accord de **RÉ** mineur lorsque le **RÉ** qui le précède est accompagné de cet accord, il prend l'accord de **FA** majeur lorsque le **RÉ** a l'accord de **SOL**.

Lorsqu'il se présente un **LA**, quarte inférieure de **RÉ** finale, on l'accompagne de l'accord de **FA** majeur, ou de **LA** à l'octave.

Manière d'accompagner les psaumes du premier ton.

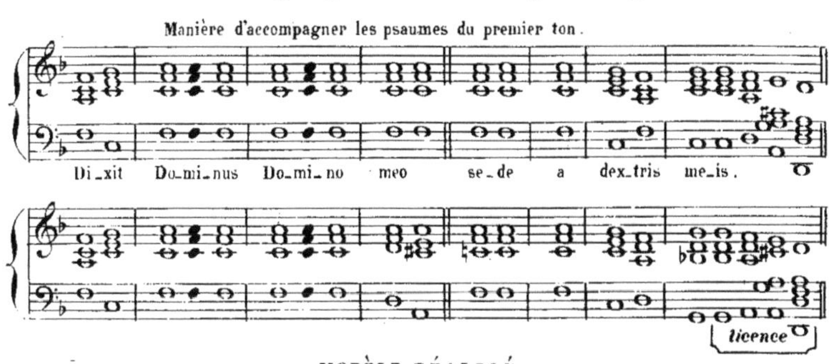

MODÈLE RÉALISÉ.

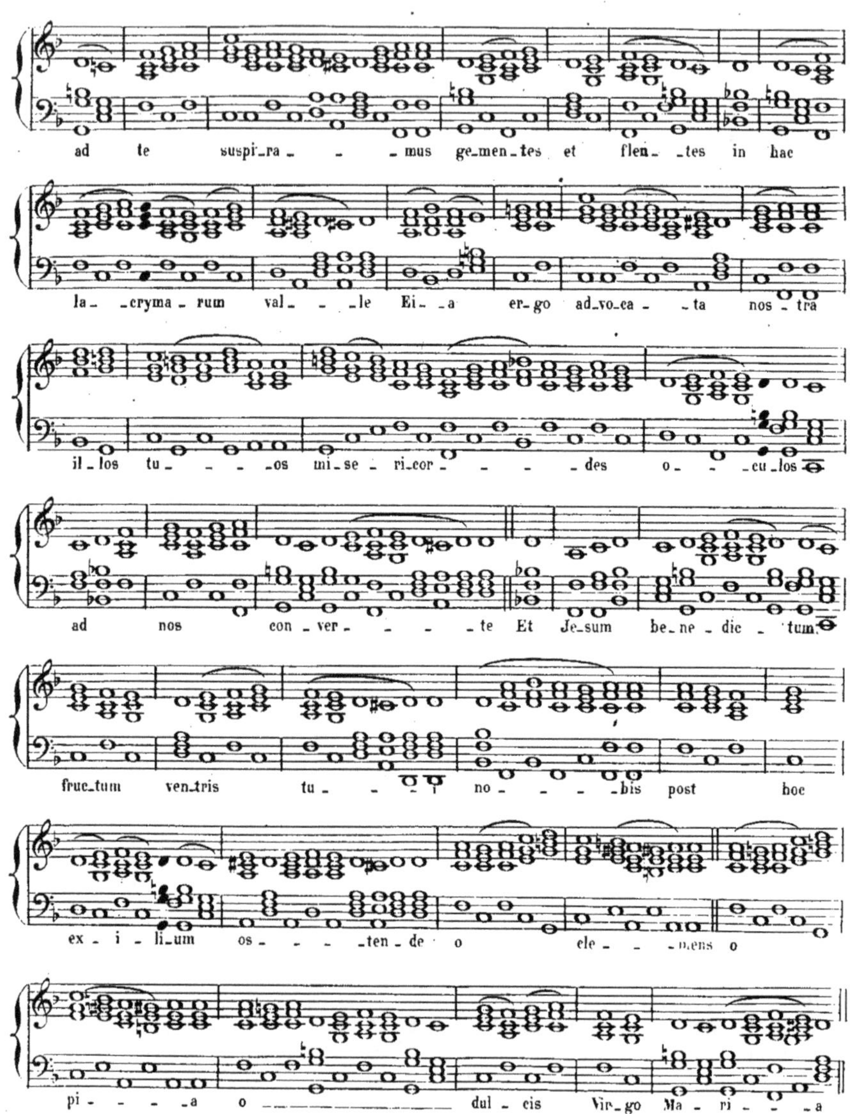
ad te suspi_ra_ _ _mus ge_men_tes et flen_ _tes in hac
la_ _cryma_rum val_ _ _le Ei_ _a er_go ad_vo_ca_ _ta nos_tra
il_los tu_ _ _ _os mi_se_ri_cor_ _ _ _ _des o_ _ _cu_los
ad nos con_ver_ _ _ _ _te Et Je_sum be_ne_dic_ _tum
fruc_tum ven_tris tu_ _ _i no_ _ _ _bis post hoc
ex_ _i_ _li_um os_ _ _ _ten_de o cle_ _ _mens o
pi_ _ _ _a o dul_cis Vir_go Ma_ri_ _ _a

Pour compléter la collection des Hymnes.

Salvete flores martyrum.
Modto
Salve_te flo_ _res mar_ty_rum quos lu_cis ip_so in li_ _ _mi_ne
Christi in_se_cu_tor sus_tu_lit ceu tur_bo nas_ _cen_ _tes ro_sas.
Alltto
mf
No 1
Modto non troppo.
f
No 2
Grazioso.
dol:
No 3

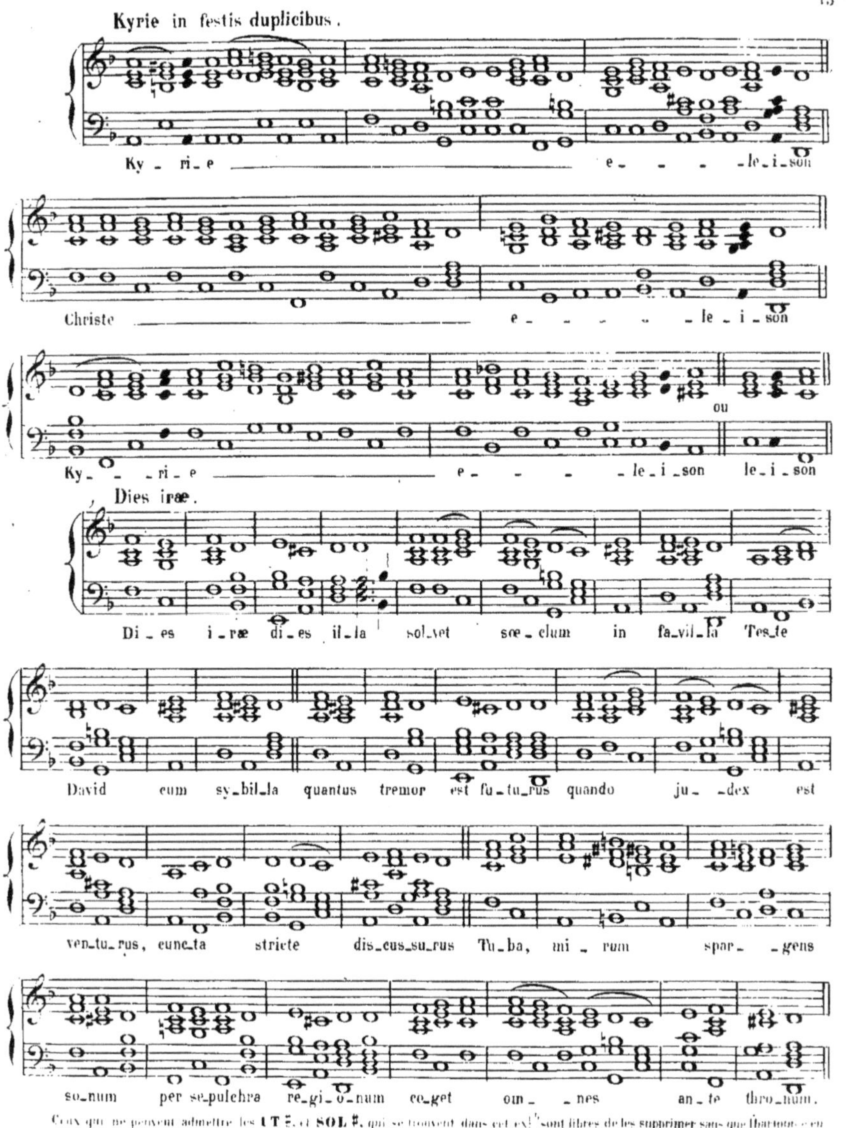

Ceux qui ne peuvent admettre les UT ♯ et SOL ♯, qui se trouvent dans cet ex.le sont libres de les supprimer sans que l'harmonie en souffre.

Libera me.

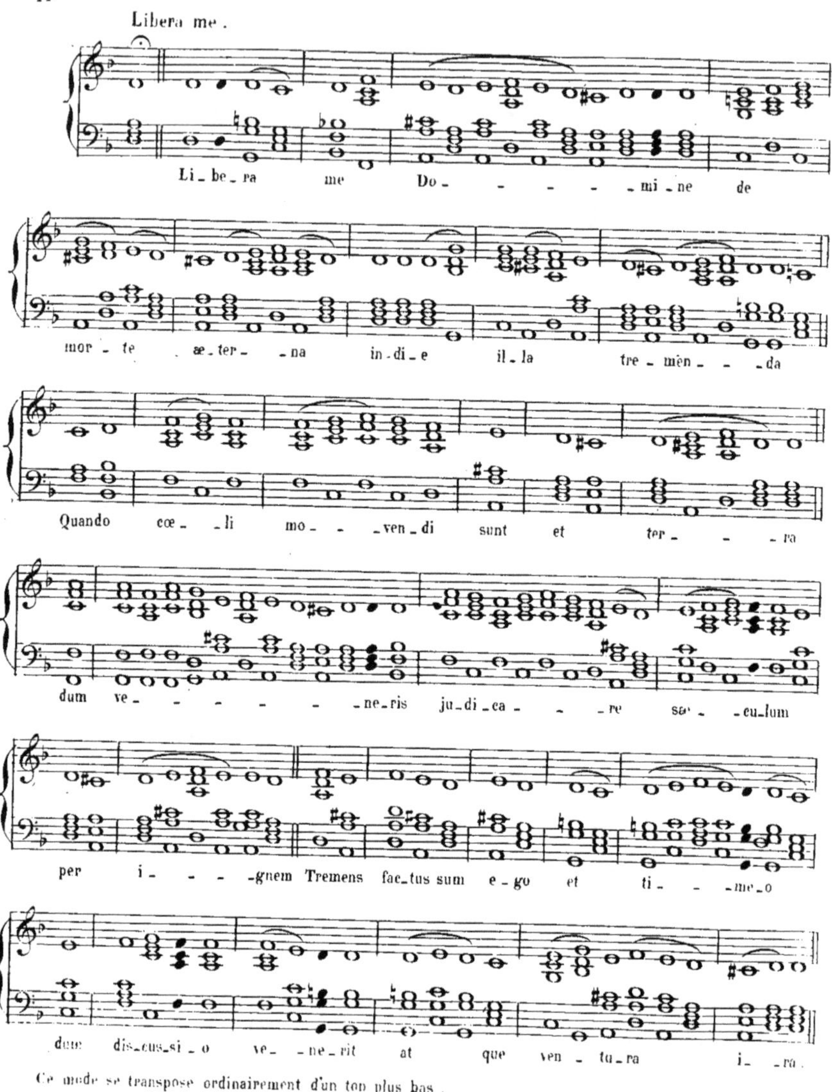

Ce mode se transpose ordinairement d'un ton plus bas.

Morceau de chant transposé.

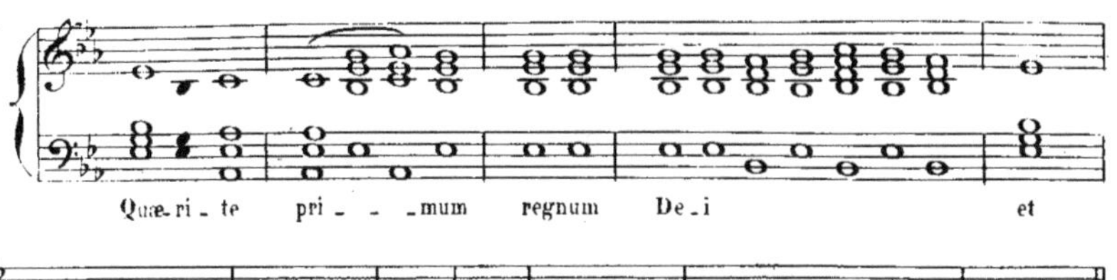

MAGNIFICAT en Faux-bourdon à quatre voix.

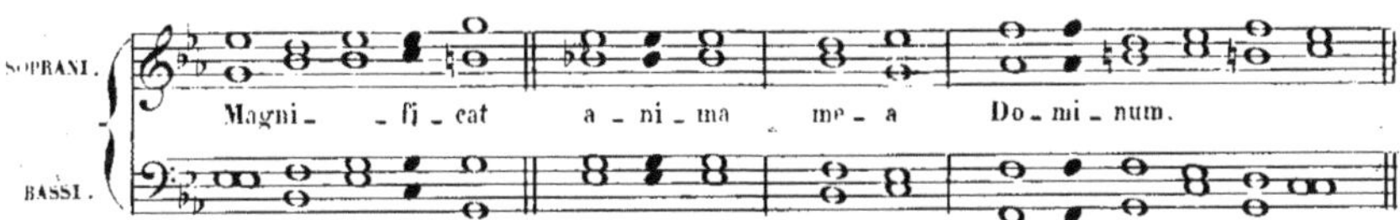

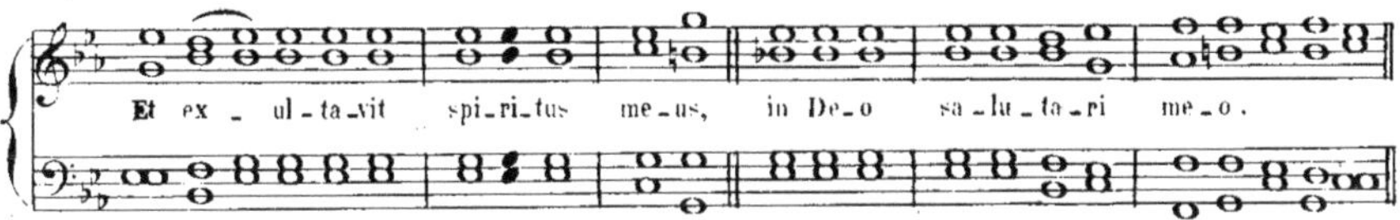

Conseils pour l'intonation du 1.er Ton.

Si un chant commence par ces notes:

Faites la cadence préalable en **FA**;

Faites la cadence en **RÉ**, mineur si le chant commence par les notes suivantes.

CONCLUSION. Si le repos de la phrase à entonner se fait sur **RÉ**, faites la cadence préparatoire en **RÉ** mineur; Si au contraire, la phrase à entonner fait son repos sur **FA**, **UT**, ou **LA**, faites la cadence en **FA** majeur.

2me. TON.

Accompagnement de la gamme du second ton appelé **HYPODORIEN**.

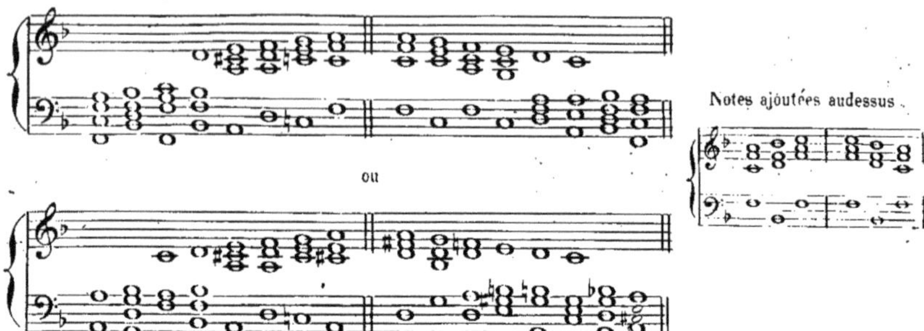

LA, première, s'accompagne de l'accord de **FA** majeur.

Il prend aussi quelquefois l'accord de **RÉ** majeur.

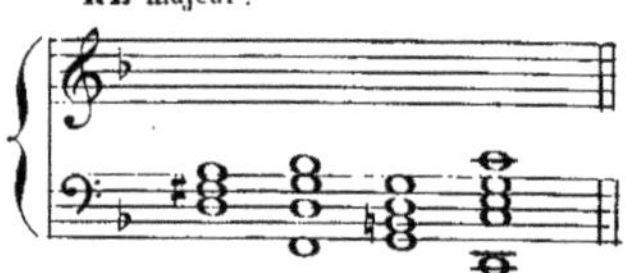

SI bémol, seconde, prend l'accord de **SI** bémol majeur, ou celui de **SOL** mineur, selon que le **LA** précédent a été accompagné de l'accord de **FA** majeur, ou de celui de **RÉ** majeur.

UT, troisième, s'accompagne de l'accord d'**UT** majeur lorsqu'on passe de **SOL** à **UT**, ou qu'on descend de **FA** à **UT**.

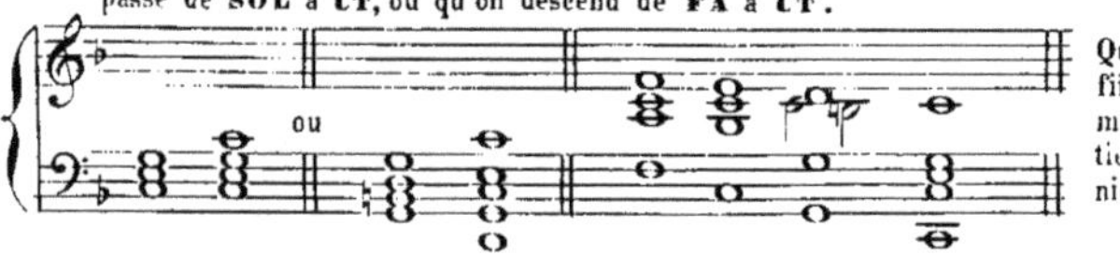

Quand c'est une phrase finale, on peut se permettre le retard de la tierce de l'avant dernier accord.

Lorsque **UT** se trouve entre deux **RÉ**, dont le second fait repos, il devient ♯, et s'accompagne de l'accord de **LA** majeur.

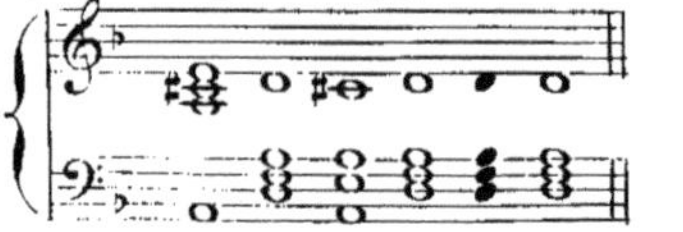

ou

Si on n'admet pas le dièze.

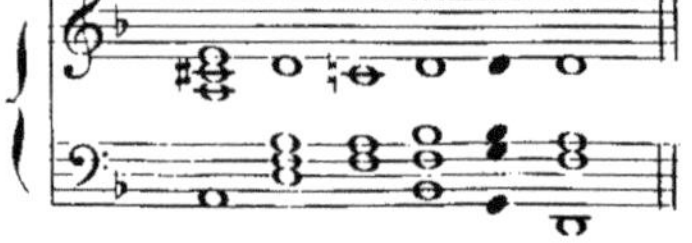

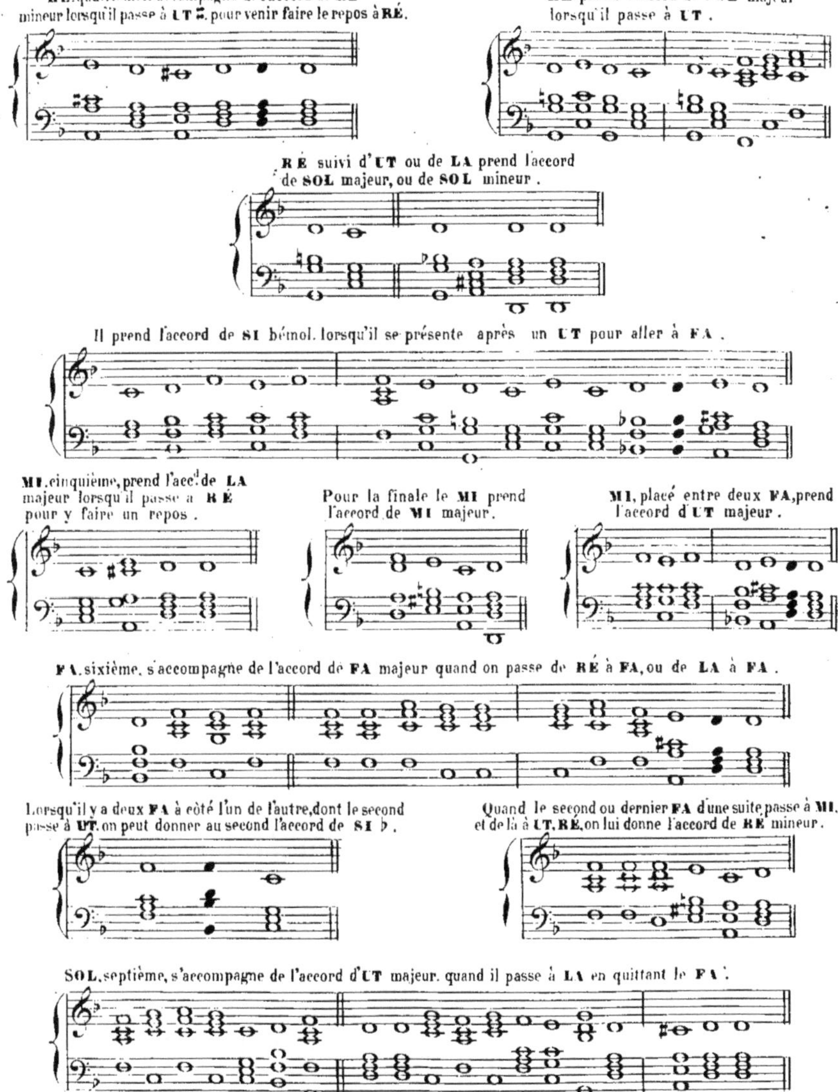
RÉ. quatrième, s'accompagne de l'accord de RÉ mineur lorsqu'il passe à UT ♯, pour venir faire le repos à RÉ.
RÉ prend l'accord de SOL majeur lorsqu'il passe à UT.
RÉ suivi d'UT ou de LA prend l'accord de SOL majeur, ou de SOL mineur.
Il prend l'accord de SI bémol, lorsqu'il se présente après un UT pour aller à FA.
MI, cinquième, prend l'accd de LA majeur lorsqu'il passe à RÉ pour y faire un repos.
Pour la finale le MI prend l'accord de MI majeur.
MI, placé entre deux FA, prend l'accord d'UT majeur.
FA, sixième, s'accompagne de l'accord de FA majeur quand on passe de RÉ à FA, ou de LA à FA.
Lorsqu'il y a deux FA à côté l'un de l'autre, dont le second passe à UT, on peut donner au second l'accord de SI ♭.
Quand le second ou dernier FA d'une suite passe à MI, et de là à UT, RÉ, on lui donne l'accord de RÉ mineur.
SOL, septième, s'accompagne de l'accord d'UT majeur, quand il passe à LA en quittant le FA.

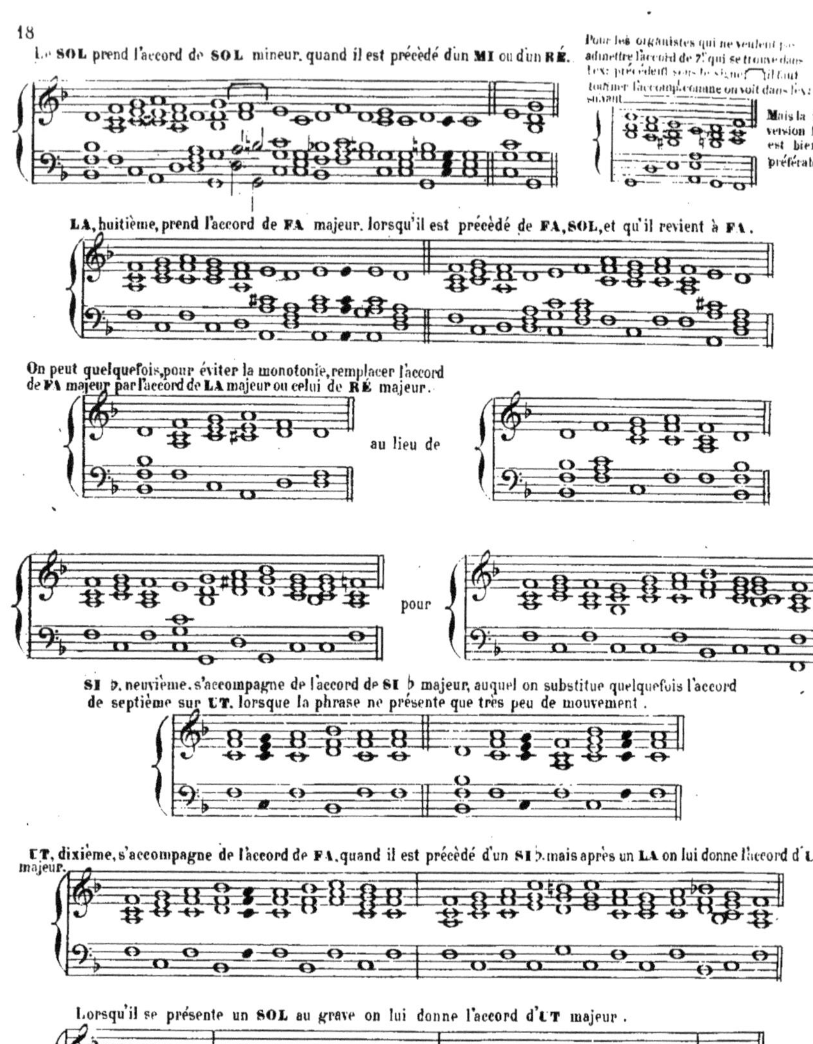

Le **SOL** prend l'accord de **SOL** mineur, quand il est précédé d'un **MI** ou d'un **RÉ**.

Pour les organistes qui ne veulent pas admettre l'accord de 7e qui se trouve dans l'ex: précédent sous le signe ⌐¬ il faut tourner l'accompt comme on voit dans l'ex: suivant.

Mais la 1re version lui est bien préférable.

LA, huitième, prend l'accord de **FA** majeur, lorsqu'il est précédé de **FA**, **SOL**, et qu'il revient à **FA**.

On peut quelquefois, pour éviter la monotonie, remplacer l'accord de **FA** majeur par l'accord de **LA** majeur ou celui de **RÉ** majeur.

au lieu de

pour

SI ♭, neuvième, s'accompagne de l'accord de **SI** ♭ majeur, auquel on substitue quelquefois l'accord de septième sur **UT**, lorsque la phrase ne présente que très peu de mouvement.

UT, dixième, s'accompagne de l'accord de **FA**, quand il est précédé d'un **SI** ♭, mais après un **LA** on lui donne l'accord d'**UT** majeur.

Lorsqu'il se présente un **SOL** au grave on lui donne l'accord d'**UT** majeur.

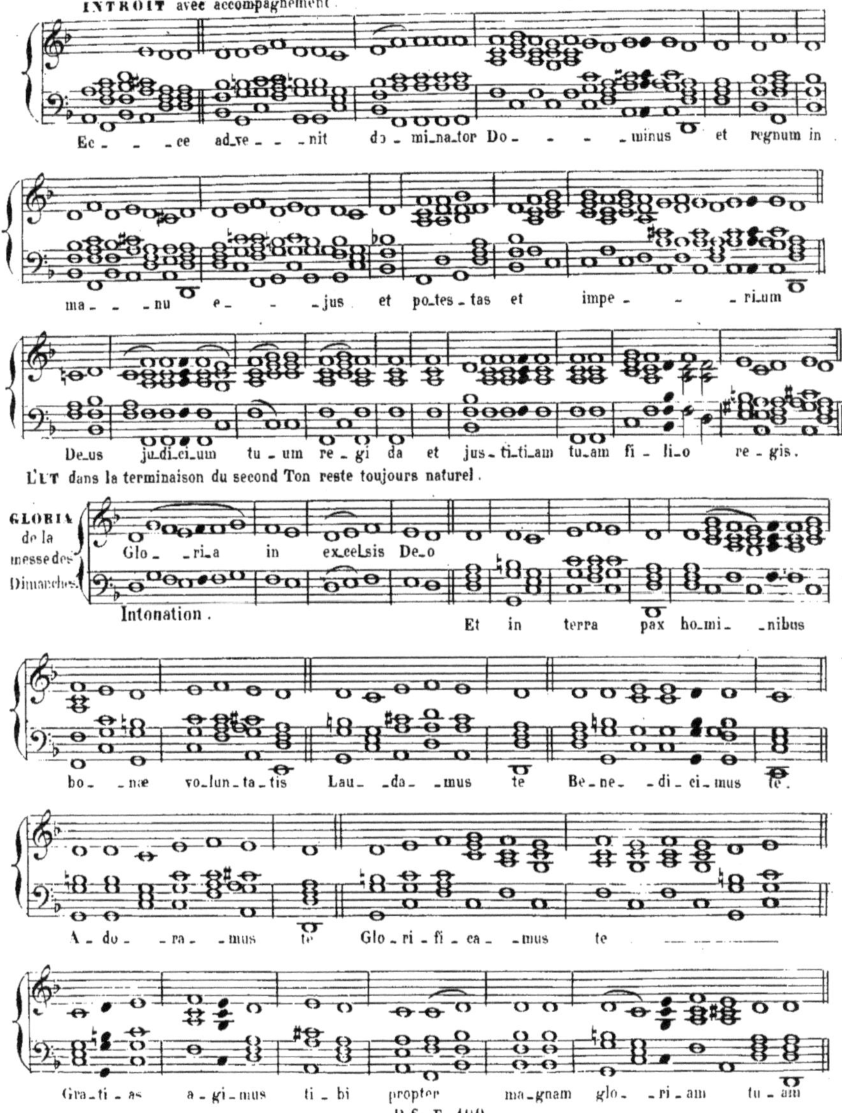
INTROÏT avec accompagnement.
Ec_ _ _ce ad_ve_ _ _nit do_mi_na_tor Do_ _ _ _minus et regnum in
ma_ _ _nu e_ _ _jus et po_tes_tas et impe_ _ _ri_um
De_us ju_di_ci_um tu_um re_gi da et jus_ti_ti_am tu_am fi_li_o re_gis.
L'UT dans la terminaison du second Ton reste toujours naturel.
GLORIA de la messe des Dimanches.
Glo_ri_a in ex_cel_sis De_o
Intonation.
Et in terra pax ho_mi_ _nibus
bo_ _næ vo_lun_ta_tis Lau_ _da_ _mus te Be_ne_ _di_ci_mus te.
A_do_ _ra_ _mus te Glo_ri_fi_ca_ _mus te
Gra_ti_as a_gi_mus ti_bi propter magnam glo_ _ri_am tu_am

Exemple transposé d'une quarte plus haut. Le second ton se transpose quelquefois d'une quarte, d'une tierce, ou seulement d'une seconde plus haut, d'après la portée des voix des chanteurs.

MAGNIFICAT en Faux-bourdon.

L'organiste fait la cadence en **RÉ** mineur, et en **FA** majeur, suivant que les chants commencent par les notes suivantes:

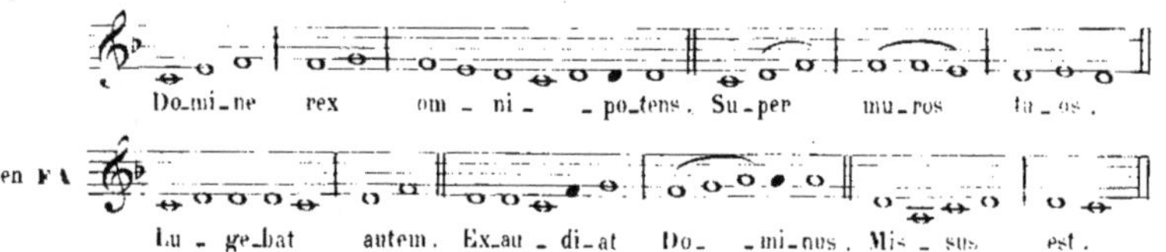

Lorsque le membre de phrase à entonner est terminé par **RÉ**, faites la cadence en **RÉ** mineur, sans vous occuper de la première note de la phrase; lorsqu'au contraire la dernière note de la phrase à entonner est un **FA**, un **LA**, ou un **UT**, il faut faire la cadence en **FA** majeur.

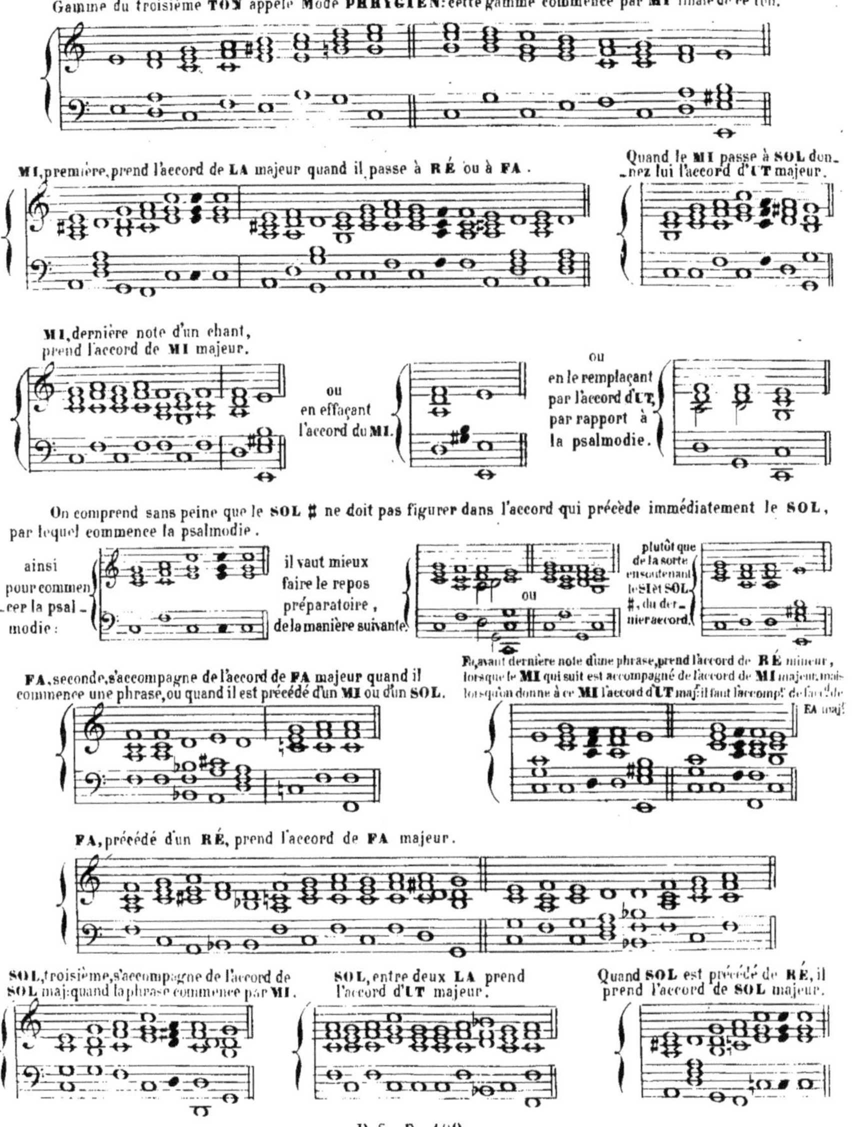
Gamme du troisième TON appelé Mode PHRYGIEN: cette gamme commence par MI finale de ce ton.
MI, première, prend l'accord de LA majeur quand il passe à RÉ ou à FA.
Quand le MI passe à SOL donnez lui l'accord d'UT majeur.
MI, dernière note d'un chant, prend l'accord de MI majeur.
ou en effaçant l'accord du MI.
ou en le remplaçant par l'accord d'UT, par rapport à la psalmodie.
On comprend sans peine que le SOL ♯ ne doit pas figurer dans l'accord qui précède immédiatement le SOL, par lequel commence la psalmodie.
ainsi pour commencer la psalmodie:
il vaut mieux faire le repos préparatoire, de la manière suivante
ou
plutôt que de la sorte en soutenant le SI et SOL ♯, du dernier accord.
FA, seconde, s'accompagne de l'accord de FA majeur quand il commence une phrase, ou quand il est précédé d'un MI ou d'un SOL.
FA, avant dernière note d'une phrase, prend l'accord de RÉ mineur, lorsque le MI qui suit est accompagné de l'accord de MI majeur; mais lorsqu'on donne à ce MI l'accord d'UT maj. il faut l'accompt. de l'acc.d de FA maj.
FA, précédé d'un RÉ, prend l'accord de FA majeur.
SOL, troisième, s'accompagne de l'accord de SOL maj: quand la phrase commence par MI.
SOL, entre deux LA prend l'accord d'UT majeur.
Quand SOL est précédé de RÉ, il prend l'accord de SOL majeur.

SOL, première note de l'intonation du psaume, s'accompagne de l'accord d'**UT** majeur, plutôt que de celui de **SOL** qui annullerait l'effet de la cadence.

Can_ta_ _te Do_mi_no can_ti_cum no_ _vum

LA. quatrième, prend l'accord de **FA** majeur, lorsqu'il passe à **UT**.

LA s'accompagne de l'accord de **LA** mineur quand il indique une cadence à **LA**.

Quand de **LA** on passe à **SI**, on lui donne l'accord de **RÉ** majeur.

Quand le **LA** est précédé et suivi de **SOL**, dont le second ne descend pas, mais monte à **SI**, ou à **UT**, on peut donner l'accord de **FA** à **LA**, ou aussi l'accord de **RÉ**.

ou

ou

Lorsque **LA** est entouré de **SOL**, et de **SI**, pour faire une cadence sur **SOL**, il prend l'accord de **RÉ** majeur.

SI cinquième note de la gamme, quand il est entre deux **SOL**, ou entre **UT** et **SOL**, prend l'accord de **SOL** majeur.

Il prend l'accord de **MI** majeur, quand il est suivi d'un **LA** qui fait cadence.

SI, prend l'accord de **MI** mineur, quand, en passant à **LA**, on évite la cadence.

SI ♭, note accidentelle, quand il passe à **SOL** prend l'accord de **SI ♭** majeur. il prend plus volontiers l'accord de septième sur **UT** quand il est placé entre deux **LA**.

UT, sixième, s'accompagne de l'accord d'**UT** majeur.

RÉ, septième, s'accompagne de l'accord de **SOL** majeur.

MI, huitième, s'accompagne de l'accord d'**UT** majeur; on peut quelquefois lui substituer l'accord de **MI** majeur, pour obtenir plus de variété dans l'accompagnement.

INTROÏT du troisième **TON**.

Man_da_tum no_vum do vo_bis ut di_li_ga_tis in_vi_cem si_cut.

di_le_xi vos di_cit Do_mi_nus Be_a_ti im_ma_cu_la_ti

in vi_a qui am_bu_lant in le_ge Do_mi_ni.

Le **SOL** dièze de la dernière case est une conséquence nécessaire des deux cases précédentes, où il y a un repos en **LA** mineur, dont la dernière case ne fait que la prolongation.

Autre chant dans lequel on trouvera fréquemment le **FA** dièze.

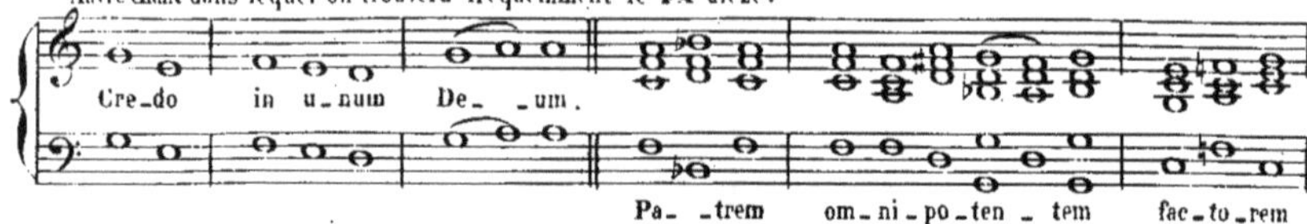

MAGNIFICAT en Faux-bourdon

Et ex_ul _ ta_vit spi_ri_tus me_us, in De_o sa_lu_ta_ri me _ o.

Si les chants du troisième Ton commencent par **MI**, comme dans les exemples suivants, on doit faire la conclusion en **LA** mineur avant d'entonner.

Si au contraire les chants commencent par **UT**, par **LA** ou par **SOL**, il faut préparer l'intonation par une conclusion sur **UT**

Les chants du troisième ton se transposent d'une seconde, d'une tierce, ou d'une quarte plus bas, d'après l'usage du chœur.

Gamme du quatrième **TON** appelé **HYPOPHRYGIEN**.

ou si l'on préfère:

La finale de ce ton est **MI**, accompagné de l'accord de **MI** majeur, c'est pour cette raison qu'on rapporte cette gamme à **LA** mineur, plutôt qu'à celle d'**UT** majeur, vû qu'il y a un rapport intime entre la finale et **LA** mineur, tandis que ce rapport n'existe nullement pour la gamme d'**UT**.

SI, première, prend l'unisson à la basse ou l'accord de **SOL** majeur quand il passe à **UT**.

UT, seconde, peut prendre l'accord de **FA** ou celui d'**UT** majeur.

RÉ troisième, s'accompagne de l'accord de **RÉ** mineur, lorsqu'il indique une cadence.

Lorsque **RÉ** passe à **UT** on lui donne l'accord de **SOL** majeur.

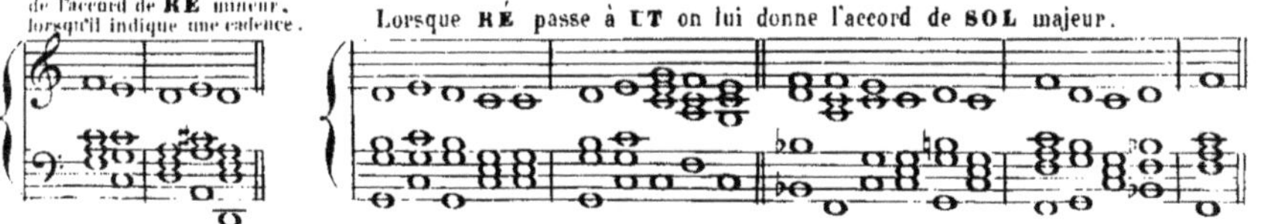

On donne à **RÉ** l'accord de **SI** bémol quand il passe à **FA**.

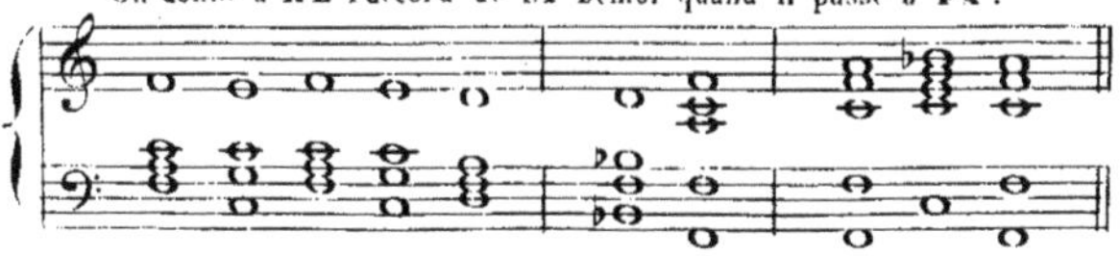

MI, quatrième, prend l'accord d'**UT** majeur lorsqu'il passe à **FA**.

MI, ne prend l'accord de **MI** majeur qu'à la fin des morceaux de chant.

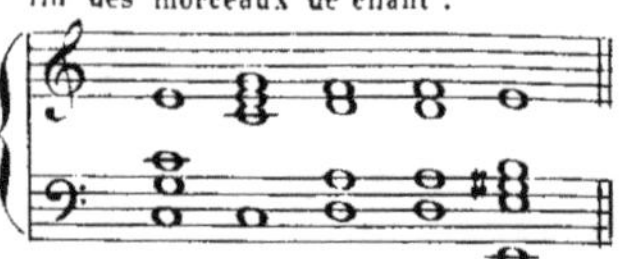

On donne à **MI** l'accord de **LA** majeur, quand il passe à **RÉ** pour y faire une cadence parfaite, ou une cadence évitée.

FA, cinquième, s'accompagne de l'accord de **FA** majeur.

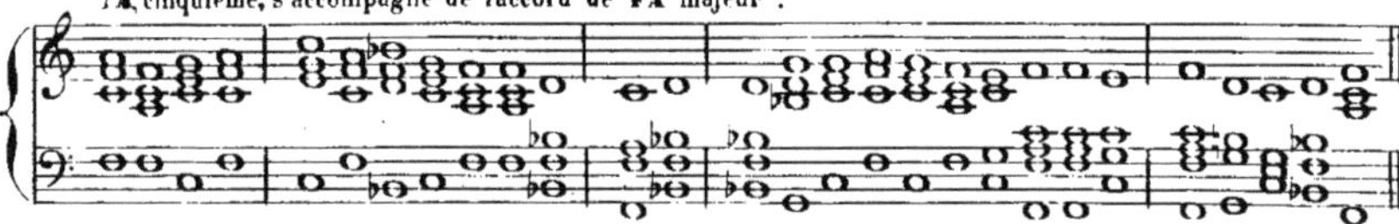

FA, avant dernière note de la cadence finale, prend l'accord de **RÉ** mineur.

SOL. sixième, s'accompagne de l'accord d'**UT** majeur.

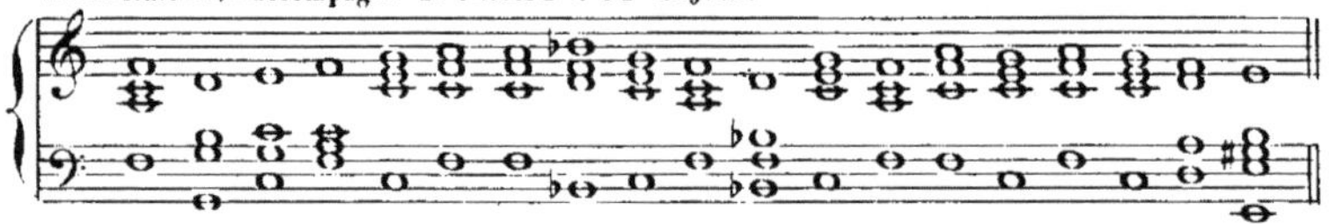

SOL, prend l'accord de **SOL** majeur, quand il est précédé d'un **SI**.

Quand de **SOL** on passe à **SI** bémol, on lui donne l'accord de **MI** bémol.

SOL #, sixième, accidentelle prend l'accord de **MI** majeur; il se présente dans la psalmodie des Introïts et des Vêpres.

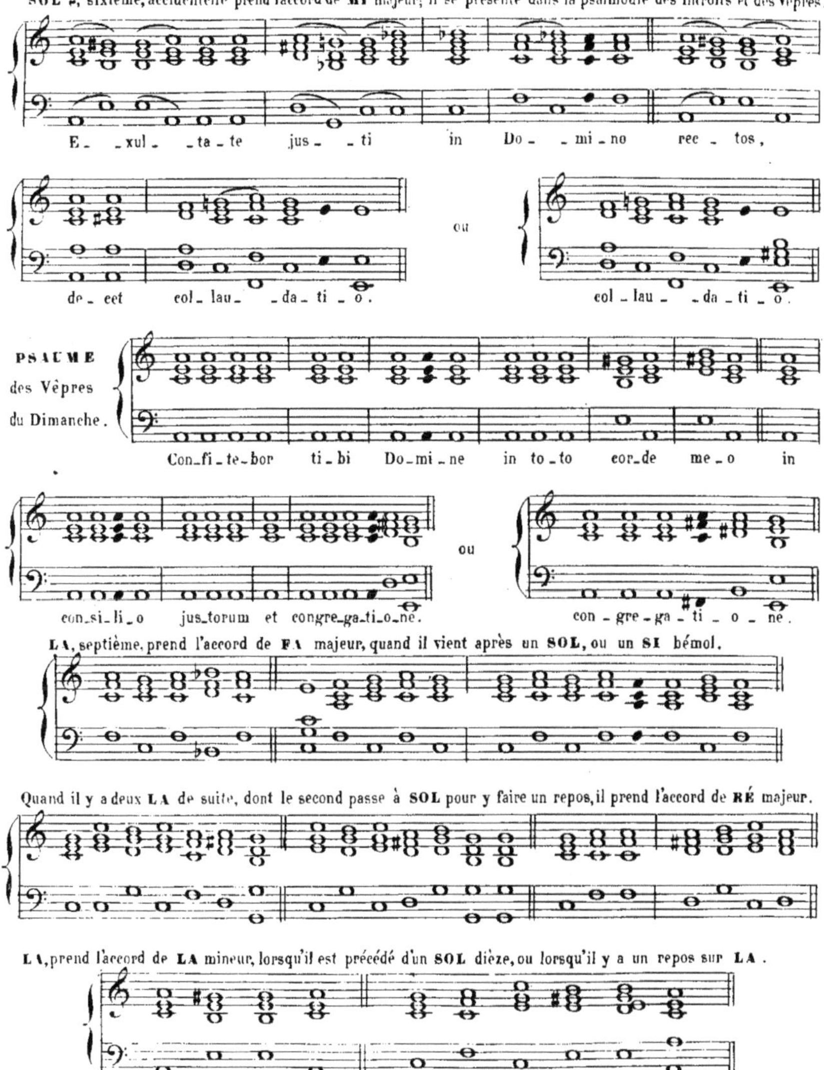

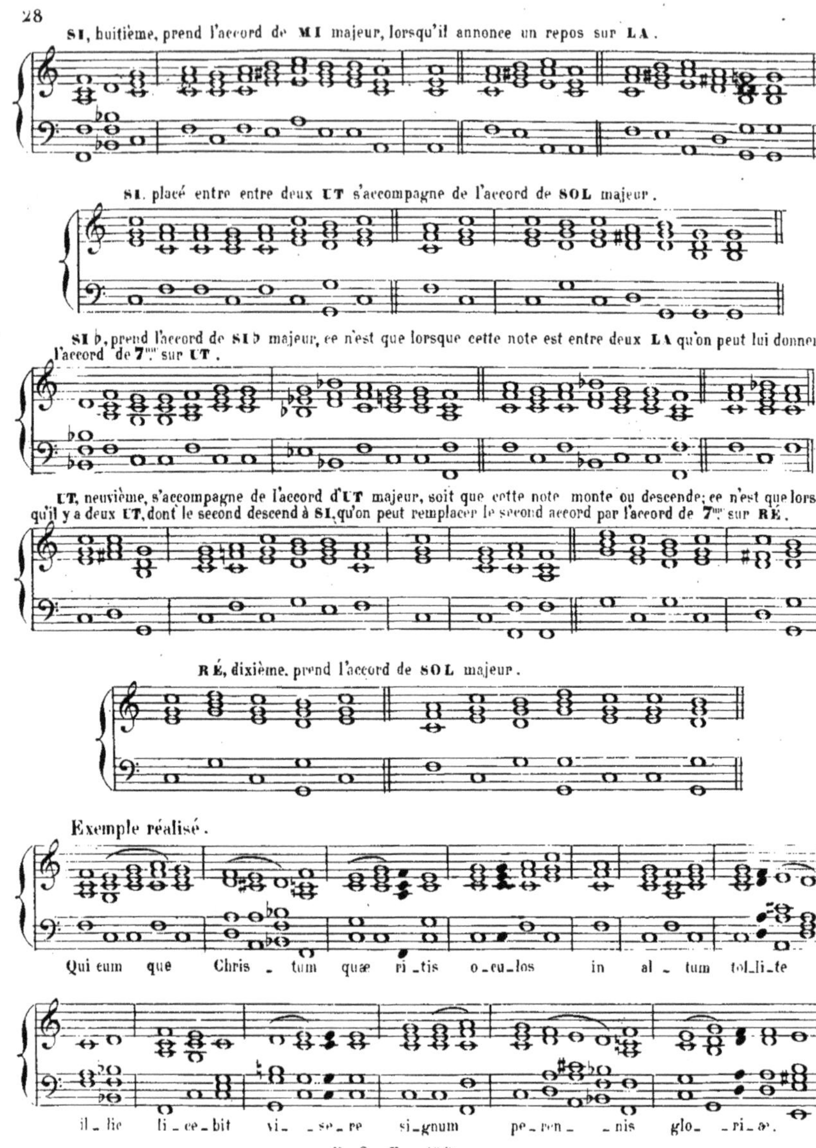
SI, huitième, prend l'accord de MI majeur, lorsqu'il annonce un repos sur LA.
SI, placé entre entre deux UT s'accompagne de l'accord de SOL majeur.
SI ♭, prend l'accord de SI ♭ majeur, ce n'est que lorsque cette note est entre deux LA qu'on peut lui donner l'accord de 7me sur UT.
UT, neuvième, s'accompagne de l'accord d'UT majeur, soit que cette note monte ou descende; ce n'est que lors-qu'il y a deux UT, dont le second descend à SI, qu'on peut remplacer le second accord par l'accord de 7me sur RÉ.
RÉ, dixième, prend l'accord de SOL majeur.
Exemple réalisé.
Qui cum que Chris - tum quæ ri - tis o - cu - los in al - tum tol - li - te
il - lic li - ce - bit vi - - se - re si - gnum pe - ren - - nis glo - - ri - æ.

Intonation.
TE DEUM, autre Exemple.
Te De _ um lau _ da _ mus Te Domi num con_fi_te mur Te æ_ternum
pa _ trem omnis ter_ra ve_ne_ra_tur sanc_ _ tus sanctum quoque Pa_ra_cle_tum
Spi_ri_tum Æ_terna fac cum sanc_tis tu _ is in glo_ri _ a nu_me _ ra _ ri
Sal _ vum fac po_pu_lum tu _ um Do _ mi_ne et be _ ne_dic hæ_re_di_ta_ti
tu_æ Et re_ge e _ os et ex tol_le il_los us_que in æ_ter_ _num.
MAGNIFICAT transposé.
Ma_gni _ _fi _ cat. a _ ni _ ma me _ a Do_mi_ num,
Et ex _ ul _ ta _ vit spi_ri_tus me_us, in De _ o sa_lu_ta_ri_ me_ _o.

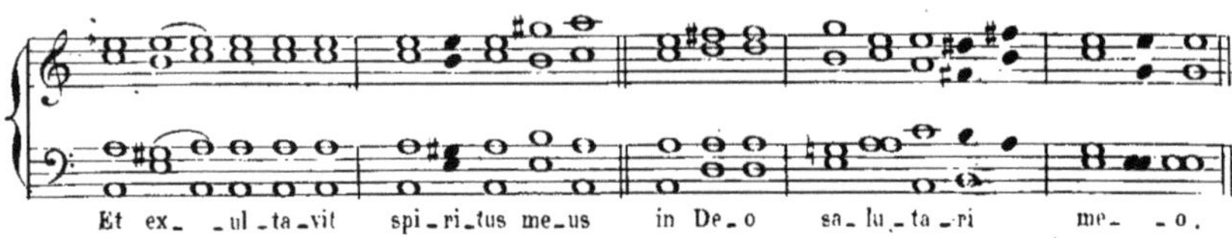

On prépare généralement l'intonation du quatrième Ton par un repos sur **LA** mineur, quelque soit la première note de la phrase à entonner.

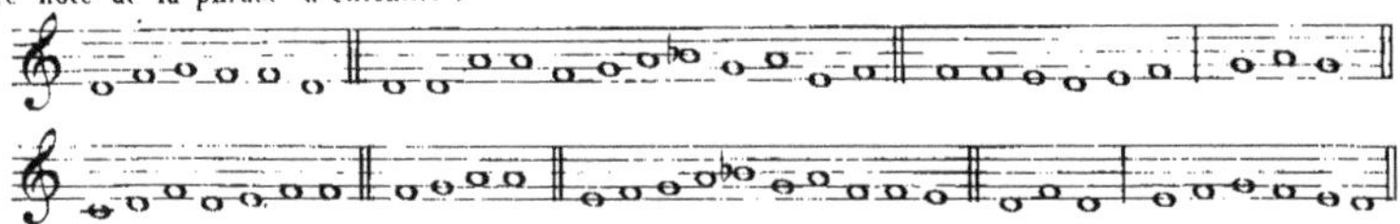

Cette manière de préparer l'intonation du quatrième Ton trouvera sans doute des adversaires, parceque bien des organistes sont d'un avis contraire, et préparent par **UT** la même intonation, mais l'accord final de **MI** majeur n'est il pas plus près de **LA** mineur que d'**UT** majeur dont il est assez éloigné. Ordinairement on ne transpose point les chants de ce ton.

5me. TON appelé LYDIEN.

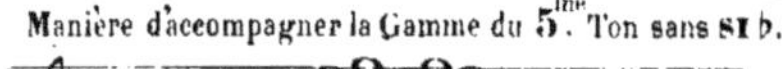

Manière d'accompagner la Gamme du 5me. Ton sans **SI ♭**.

Gamme avec le **SI ♭**.

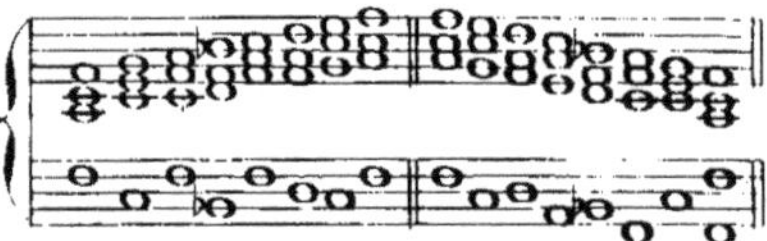

FA. première, s'accompagne de l'accord de **FA** majeur.

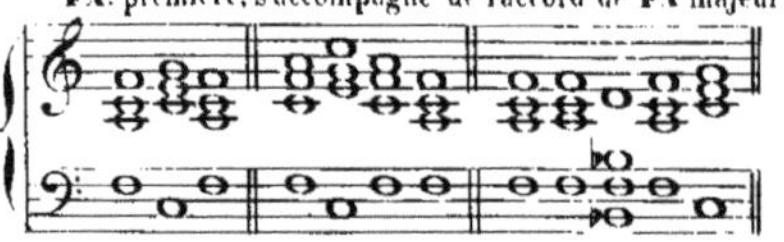

Il prend l'accord de **RÉ** mineur, lorsqu'il est précédé d'un accord de **LA** majeur.

SOL, seconde, s'accompagne de l'accord d'**UT** majeur.

Il peut encore être accompagné de l'accord de **SOL** mineur, lorsqu'il est précédé de l'accord de **SI ♭**.

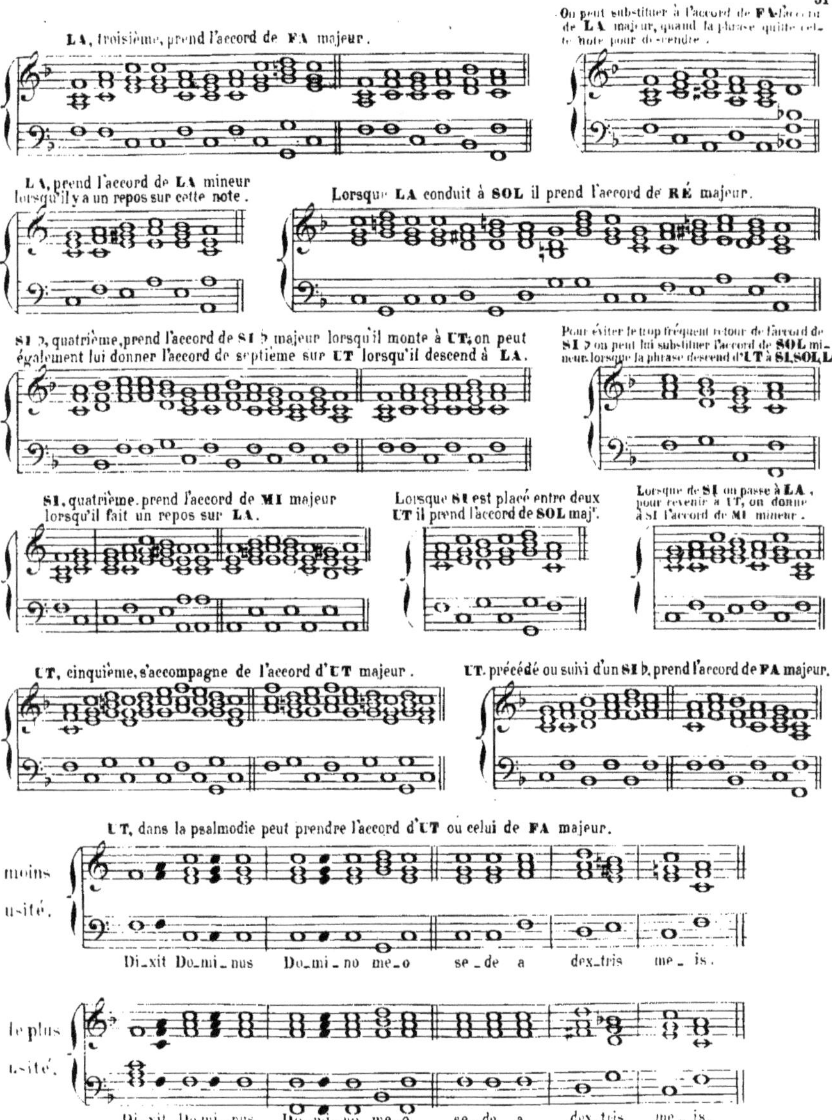
LA, troisième, prend l'accord de FA majeur.
On peut substituer à l'accord de FA l'accord de LA majeur, quand la phrase quitte cette note pour descendre.
LA, prend l'accord de LA mineur lorsqu'il y a un repos sur cette note.
Lorsque LA conduit à SOL il prend l'accord de RÉ majeur.
SI ♭, quatrième, prend l'accord de SI ♭ majeur lorsqu'il monte à UT; on peut également lui donner l'accord de septième sur UT lorsqu'il descend à LA.
Pour éviter le trop fréquent retour de l'accord de SI ♭ on peut lui substituer l'accord de SOL mineur lorsque la phrase descend d'UT à SI, SOL, LA
SI, quatrième, prend l'accord de MI majeur lorsqu'il fait un repos sur LA.
Lorsque SI est placé entre deux UT il prend l'accord de SOL majr.
Lorsque de SI on passe à LA, pour revenir à UT, on donne à SI l'accord de MI mineur.
UT, cinquième, s'accompagne de l'accord d'UT majeur.
UT précédé ou suivi d'un SI ♭, prend l'accord de FA majeur.
UT, dans la psalmodie peut prendre l'accord d'UT ou celui de FA majeur.
moins usité.
Di_xit Do_mi_nus Do_mi_no me_o se_de a dex_tris me_is.
le plus usité.
Di_xit Do_mi_nus Do_mi_no me_o se_de a dex_tris me_is.

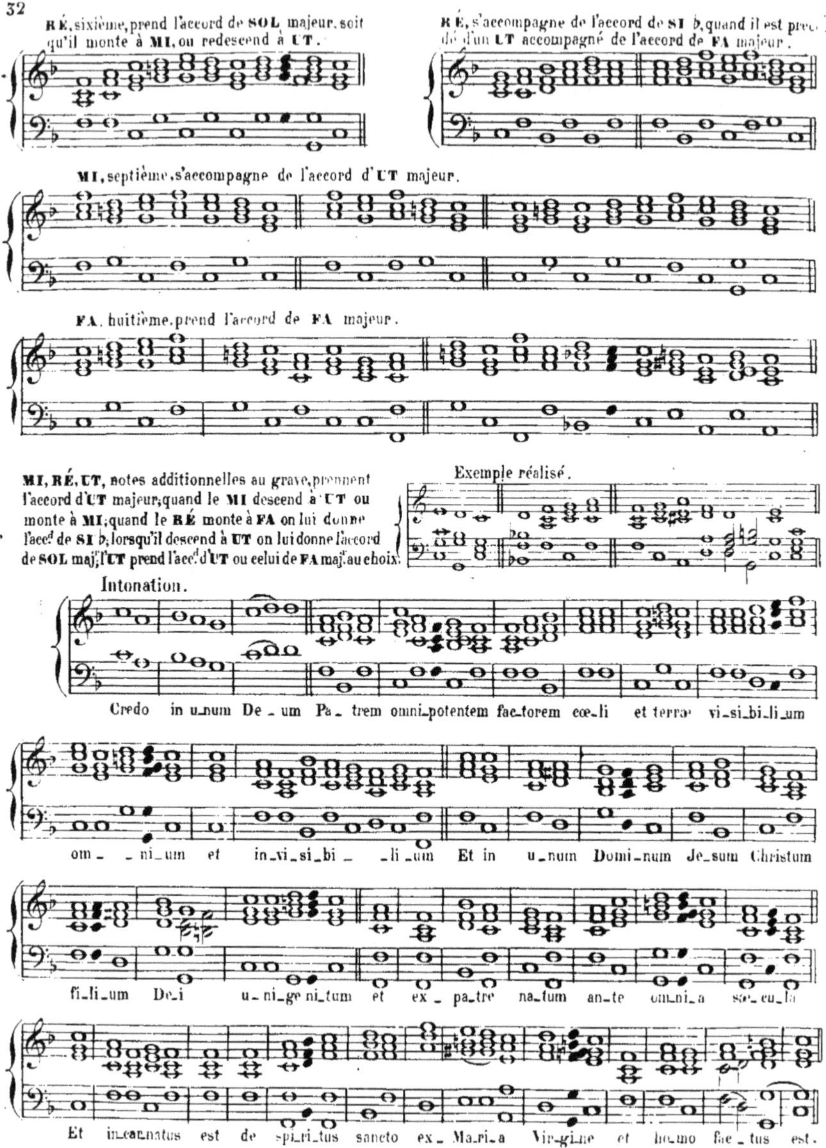
RÉ, sixième, prend l'accord de SOL majeur, soit qu'il monte à MI, ou redescend à UT.
RÉ, s'accompagne de l'accord de SI ♭, quand il est précédé d'un UT accompagné de l'accord de FA majeur.
MI, septième, s'accompagne de l'accord d'UT majeur.
FA, huitième, prend l'accord de FA majeur.
MI, RÉ, UT, notes additionnelles au grave, prennent l'accord d'UT majeur; quand le MI descend à UT ou monte à MI; quand le RÉ monte à FA on lui donne l'accᵈ de SI ♭; lorsqu'il descend à UT on lui donne l'accord de SOL majʳ; l'UT prend l'accᵈ d'UT ou celui de FA majʳ au choix.
Exemple réalisé.
Intonation.
Credo in u_num De_um Pa_trem omni_potentem fac_torem cœ_li et terræ vi_si_bi_li_um
om_ni_um et in_vi_si_bi_li_um Et in u_num Domi_num Je_sum Christum
fi_li_um De_i u_ni_ge_ni_tum et ex_pa_tre na_tum an_te om_ni_a sæ_cu_la
Et in_car_natus est de spi_ri_tus sancto ex_Ma_ri_a Vir_gi_ne et ho_mo fac_tus est.

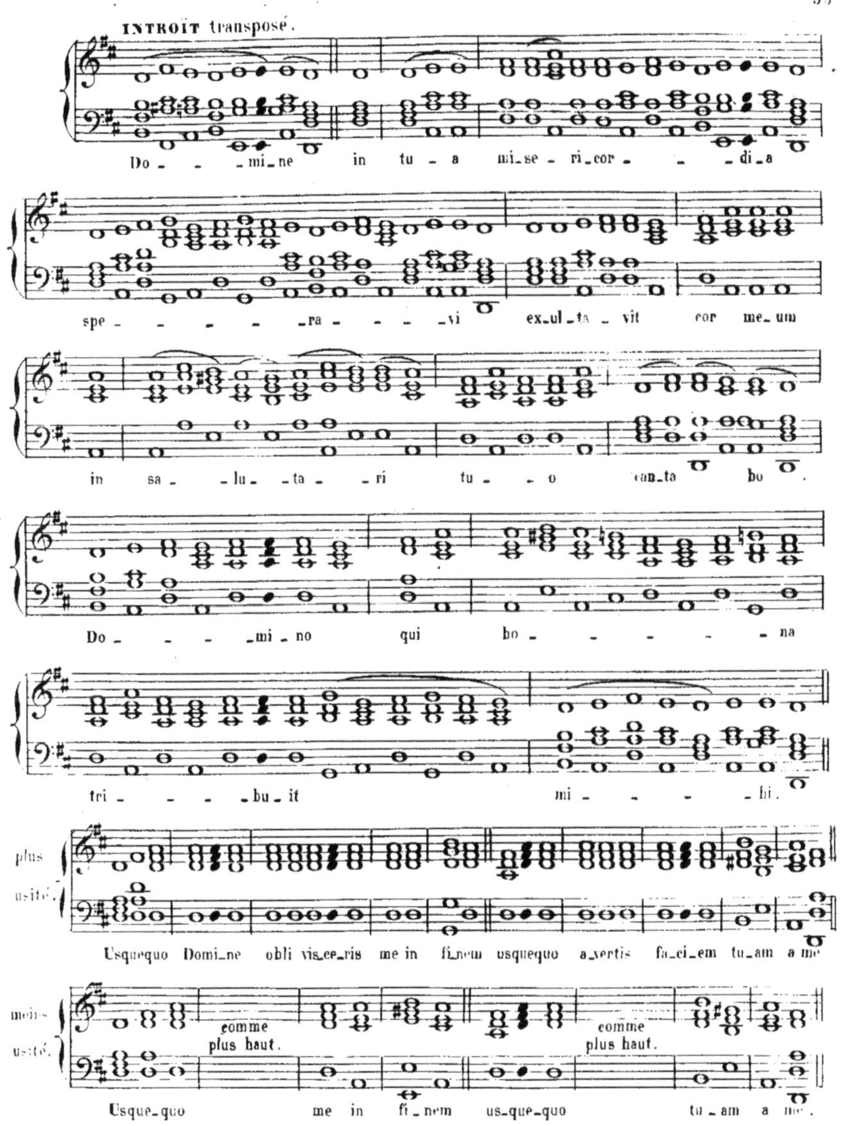
INTROIT transposé.
Do - - mi - ne in tu - a mi - se - ri - cor - - - di - a
spe - - - - - - ra - - - - vi ex - ul - ta - vit cor me - um
in sa - - lu - - ta - - ri tu - - o can - ta bo.
Do - - - - mi - no qui bo - - - - - - na
tri - - - - bu - it mi - - - - hi.
plus usité.
Usquequo Domi - ne obli vis - ce - ris me in fi - nem usquequo a - vertis fa - ci - em tu - am a me
moins usité.
comme plus haut.
comme plus haut.
Usque - quo me in fi - nem us - que - quo tu - am a me.

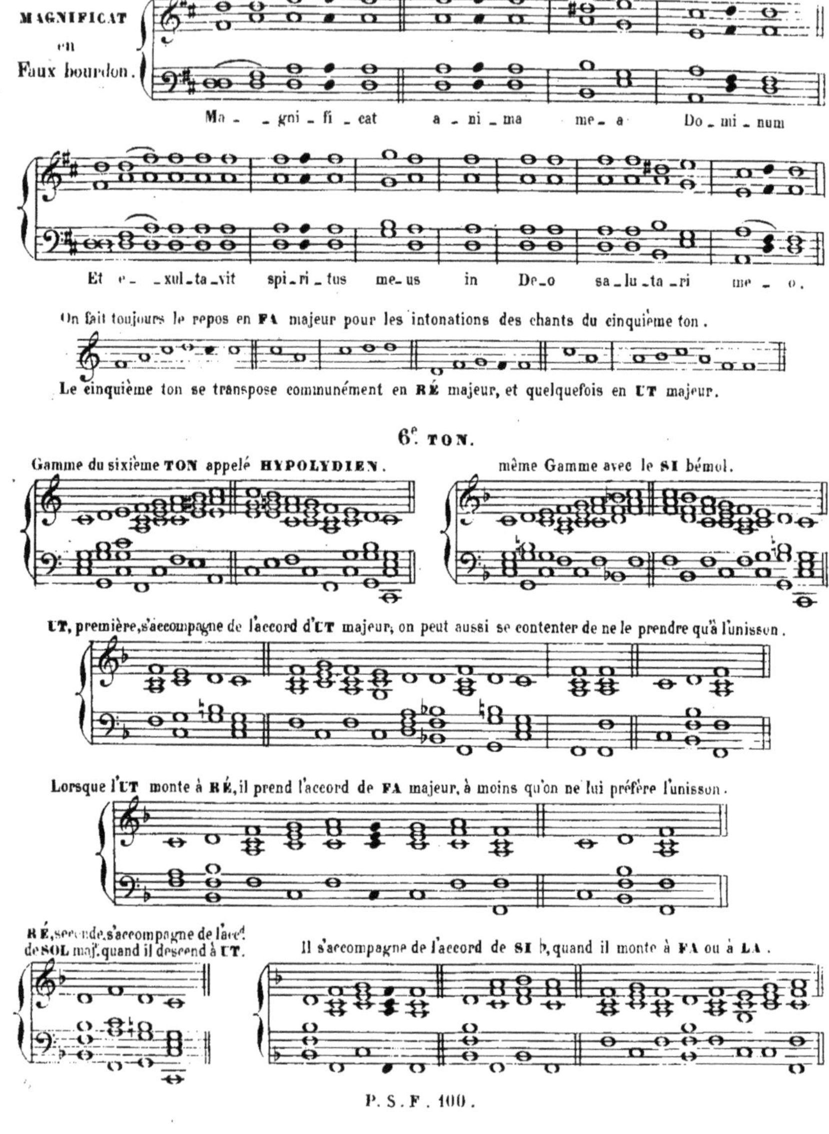
MAGNIFICAT en Faux bourdon.
Ma - gni - fi - cat a - ni - ma me - a Do - mi - num
Et e - xul - ta - vit spi - ri - tus me - us in De - o sa - lu - ta - ri me - o.
On fait toujours le repos en FA majeur pour les intonations des chants du cinquième ton.
Le cinquième ton se transpose communément en RÉ majeur, et quelquefois en UT majeur.
6e. TON.
Gamme du sixième TON appelé HYPOLYDIEN.
même Gamme avec le SI bémol.
UT, première, s'accompagne de l'accord d'UT majeur; on peut aussi se contenter de ne le prendre qu'à l'unisson.
Lorsque l'UT monte à RÉ, il prend l'accord de FA majeur, à moins qu'on ne lui préfère l'unisson.
RÉ, seconde, s'accompagne de l'accd. de SOL maj. quand il descend à UT.
Il s'accompagne de l'accord de SI ♭, quand il monte à FA ou à LA.

MI, troisième, s'accompagne de l'accord d'**UT** quand il est placé entre deux **FA**.

Quand **MI** descend à **RÉ**, soit pour y faire une cadence, soit pour l'éviter, il prend l'accord de **LA** majeur.

FA, quatrième, s'accompagne de l'accord de **FA** majeur.

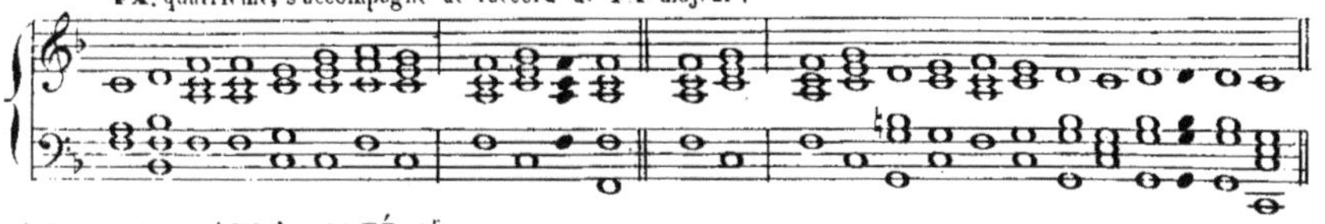

On donne quelquefois à **FA** l'accord de **RÉ** min.r pour varier l'harmonie, c'est le cas dans les psaumes des Introïts.

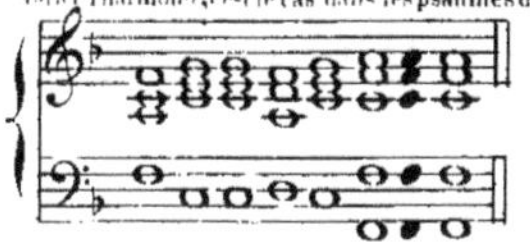

FA, prend encore l'accord de **RÉ** mineur, quand il y a un repos sur **RÉ**.

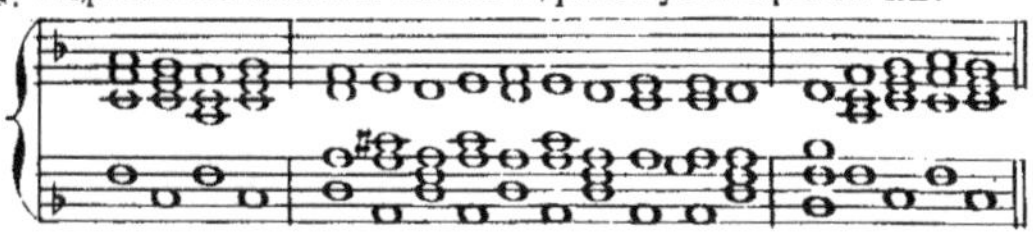

SOL, cinquième, placé entre **FA** et **LA** s'accompagne de l'accord d'**UT** majeur.

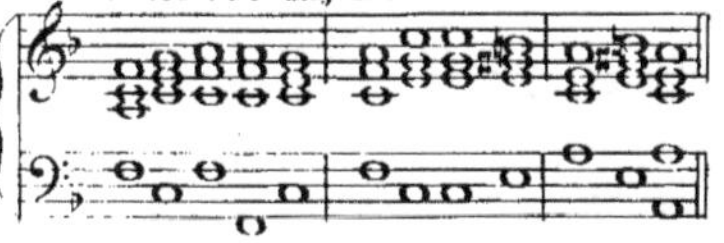

SOL, prend l'accord de **SOL** min.r quand il indique un repos.

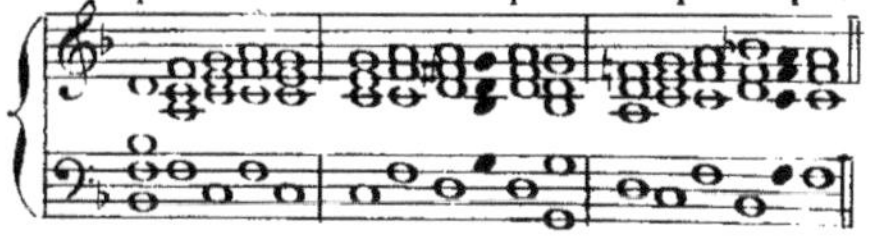

LA, sixième, prend l'accord de **FA** majeur, cependant, lorsqu'il y a repos sur **LA** on lui donne l'accord de **LA** mineur.

LA, prend l'accord de **RÉ** majeur. lorsqu'il conduit à **SOL** pour y faire un repos.

SI, septième, lorsqu'il conduit à **SOL** ou à **UT** prend l'accord de **SOL** majeur.

SI, prend l'accord de **MI** mineur, quand il passe à **LA**, pour éviter la suite de quintes.

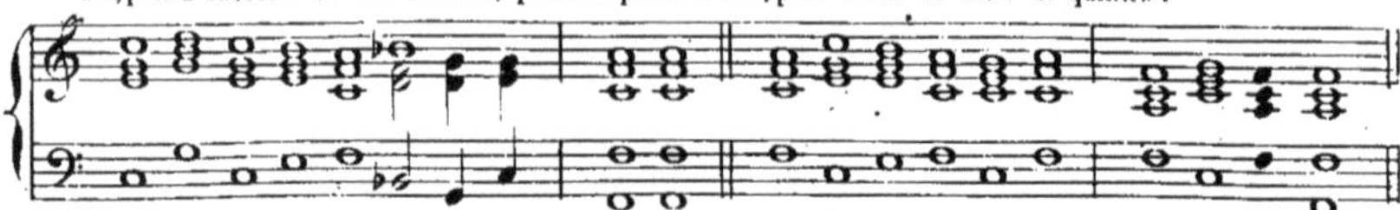

SI, qui fait un repos à **LA**, prend l'accord de **MI** majeur.

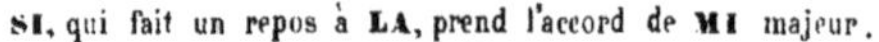

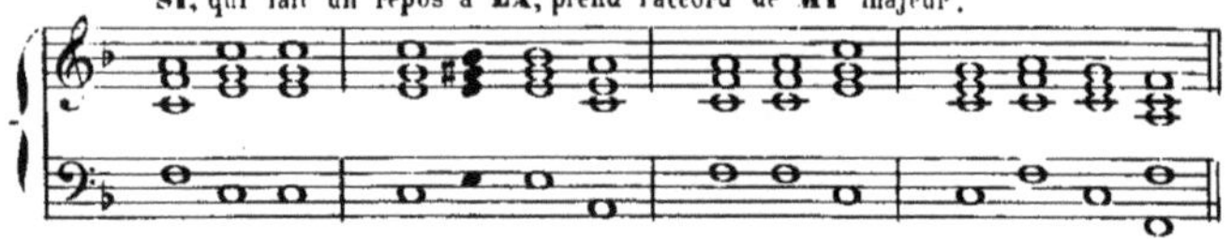

SI bémol, prend l'accord de **SI** bémol majeur lorsque cette note monte à **UT**, mais quand elle descend à **LA**, on peut de temps à autre le remplacer par l'accord de septième sur **UT**.

UT, huitième, s'accompagne de l'accord d'**UT** majeur.

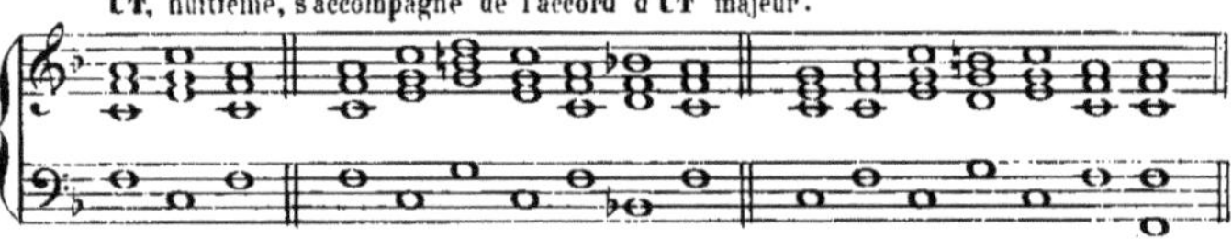

UT, entre deux **SI** dont le second passe à **LA**, peut prendre l'accord d'**UT** majeur, ou celui de **LA** mineur, d'après la manière de traiter la phrase.

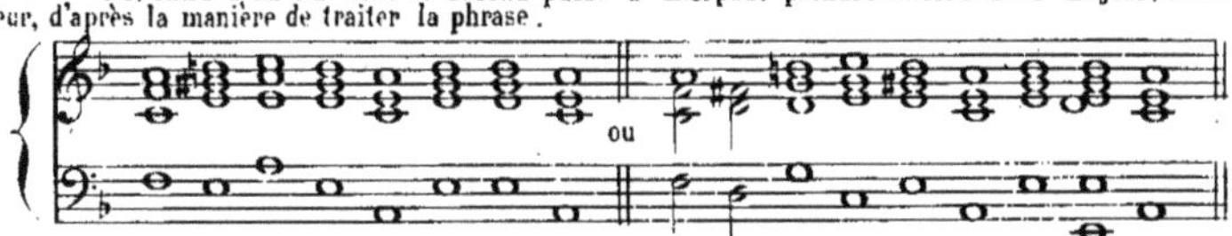

UT, prend l'accord de **FA** majeur, lorsqu'il est suivi d'un **RÉ** qui monte à **FA**, ou revient à **UT**.

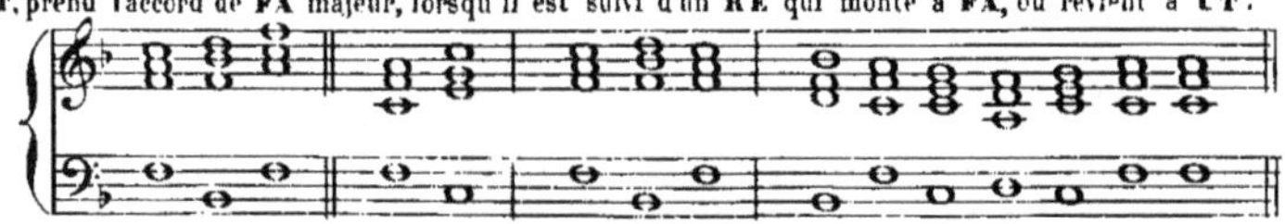

RÉ, note additionnelle, entre deux **UT** prend l'accd. de **SI** ♭, ou celui de **SOL** majr. selon que le premier **UT** est accompagné de l'accd. de **FA**, ou de celui d'**UT** majr.

MI, prend l'accord d'**UT** majeur, et **FA** l'accord de **FA** majeur.

Le plus souvent les chants du sixième ton se chantent sans qu'on les transpose, et quand on les transpose ce n'est que d'un ton plus bas.

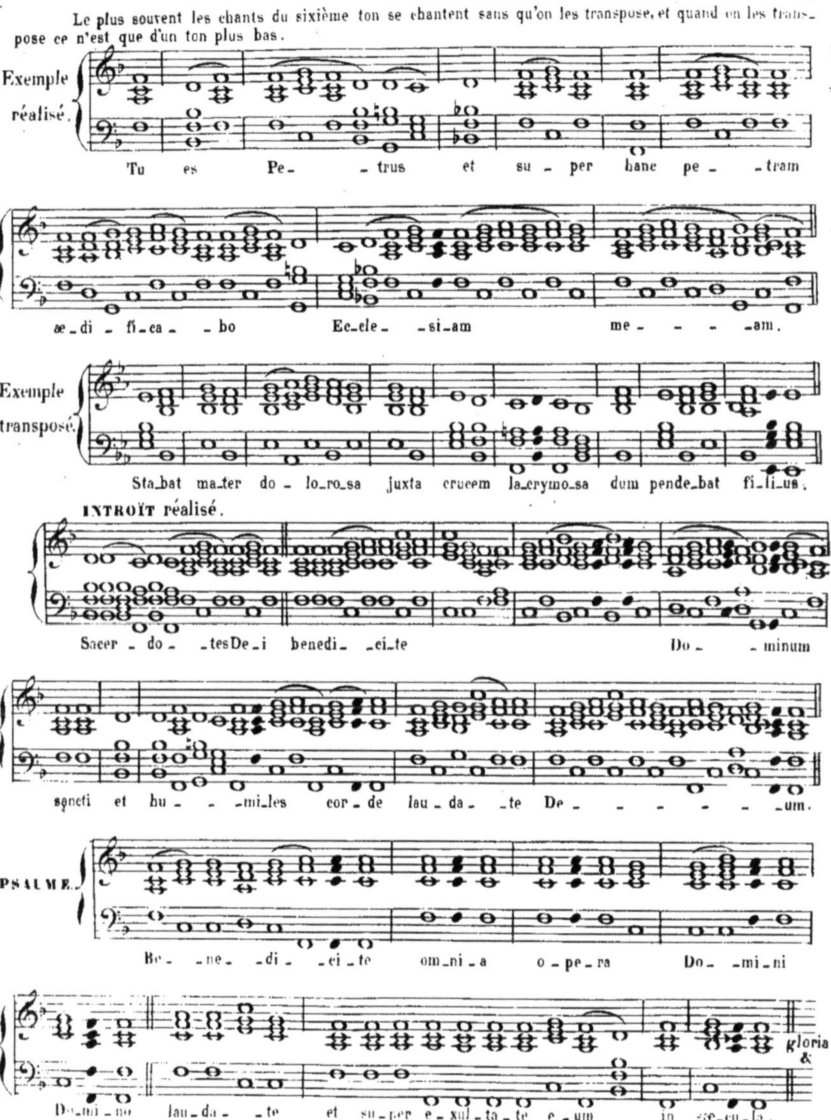

7me TON.

Gamme du septième Ton appelé **MIXOLYDIEN**.

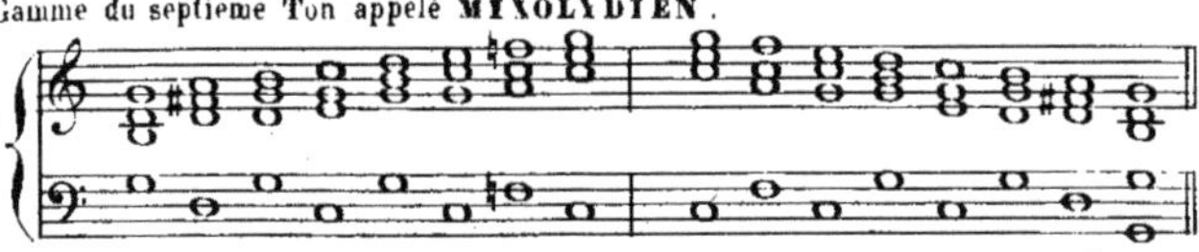

On ne doit jamais confondre cette gamme avec celle de **SOL** majeur de notre système, car elle en diffère essentiellement en ce qu'elle n'admet point le **FA** dièze.

SOL, première, prend l'accord de **SOL** majeur, lorsqu'il passe à **LA** pour revenir à **SOL**, mais quand de **LA** il passe à **FA**, il faut lui donner l'accord d'**UT** majeur.

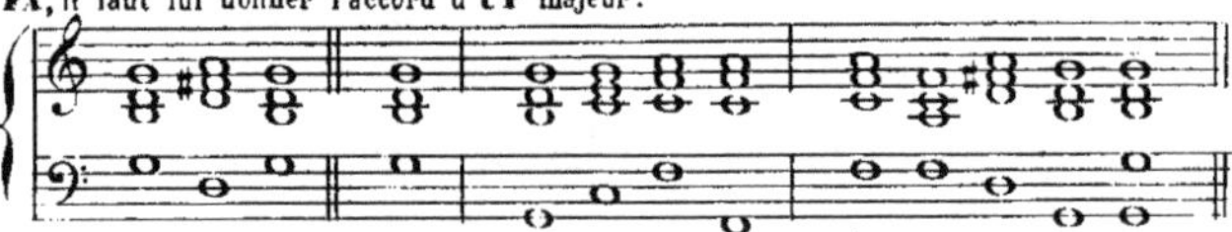

SOL prend l'accord d'**UT** majeur, quand il passe à **LA** et à **UT**.

SOL, dernière note d'un chant, prend de rigueur l'accord de **SOL** majeur.

LA, seconde, placé entre deux **SOL** ou deux **SI**, prend l'accord de **RÉ** majeur.

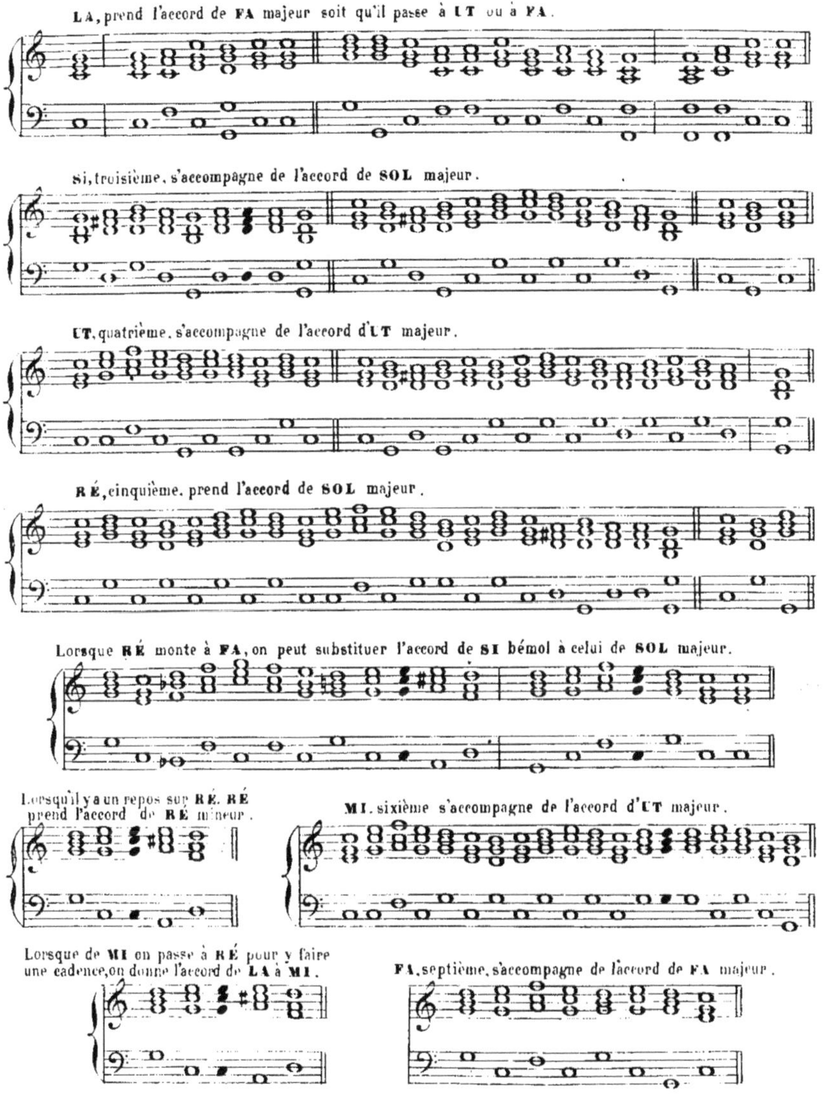
LA, prend l'accord de FA majeur soit qu'il passe à UT ou à FA.
SI, troisième, s'accompagne de l'accord de SOL majeur.
UT, quatrième, s'accompagne de l'accord d'UT majeur.
RÉ, cinquième, prend l'accord de SOL majeur.
Lorsque RÉ monte à FA, on peut substituer l'accord de SI bémol à celui de SOL majeur.
Lorsqu'il y a un repos sur RÉ. RÉ prend l'accord de RÉ mineur.
MI. sixième s'accompagne de l'accord d'UT majeur.
Lorsque de MI on passe à RÉ pour y faire une cadence, on donne l'accord de LA à MI.
FA, septième, s'accompagne de l'accord de FA majeur.

SOL, huitième, prend l'accord de **SOL** majeur, lorsqu'il est précédé de **RÉ**; dans les autres cas il prend l'accord d'**UT** majeur.

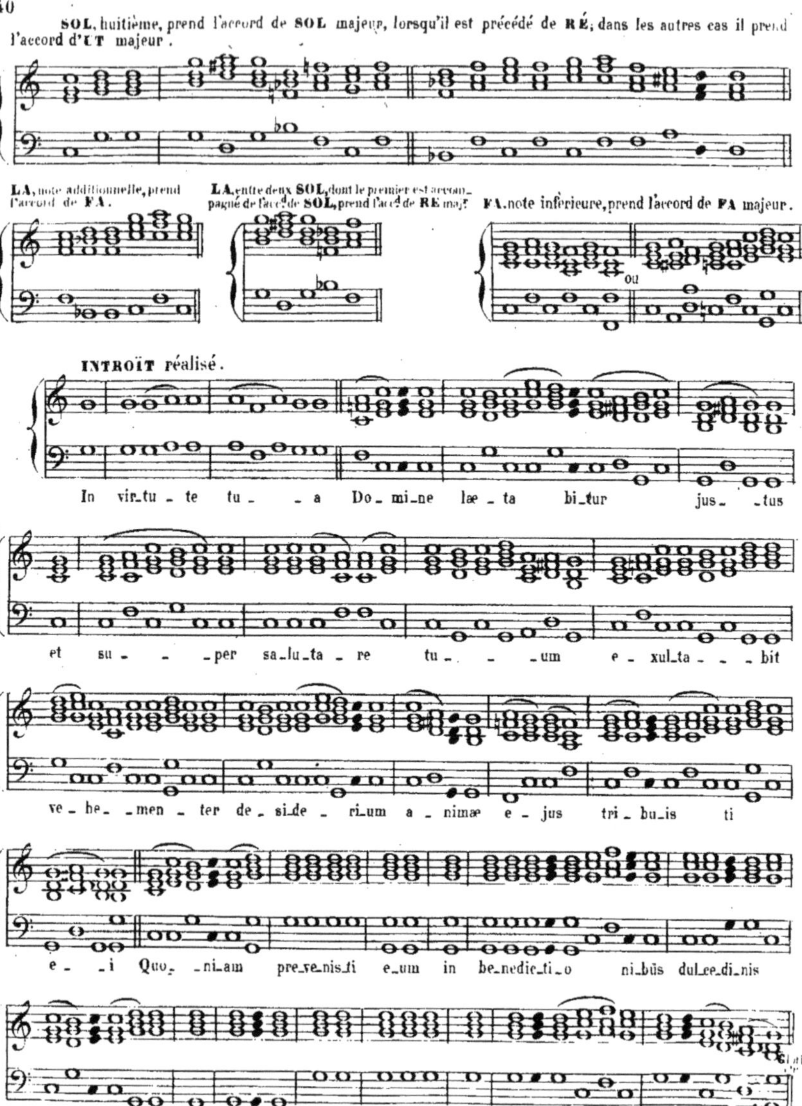

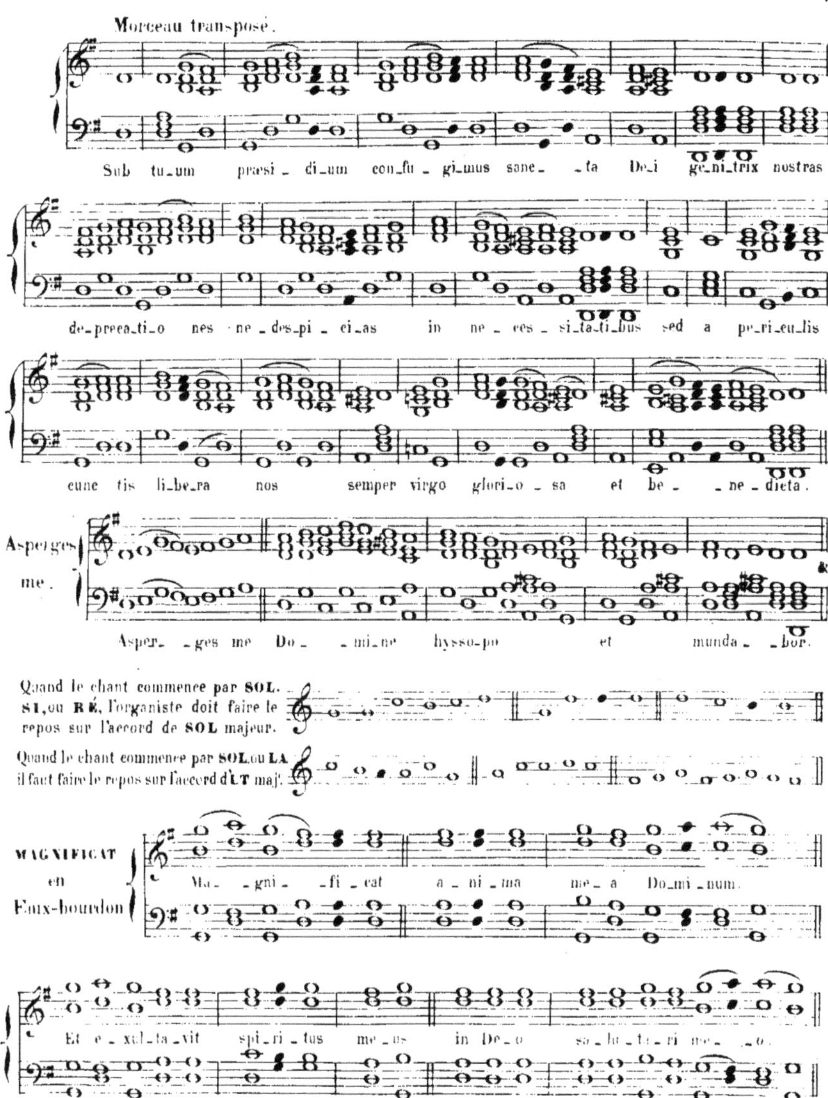
Morceau transposé.
Sub tu_um presi_di_um con_fu_gi_mus sanc_ta De_i ge_ni_trix nostras
de_precati_o nes ne des_pi_ci_as in ne_ces_si_ta_ti_bus sed a pe_ri_cu_lis
cunc tis li_be_ra nos semper virgo glori_o_sa et be_ne_dicta.
Asperges me.
Asper_ges me Do_mi_ne hysso_po et munda_bor.
Quand le chant commence par SOL. SI, ou RÉ, l'organiste doit faire le repos sur l'accord de SOL majeur.
Quand le chant commence par SOL ou LA il faut faire le repos sur l'accord d'UT majr.
MAGNIFICAT en Faux-bourdon
Ma_gni_fi_cat a_ni_ma me_a Do_mi_num.
Et e_xul_ta_vit spi_ri_tus me_us in De_o sa_lu_ta_ri me_o.

8.me TON.

Gamme du huitième **TON** appelé **HYPOMIXOLYDIEN**.

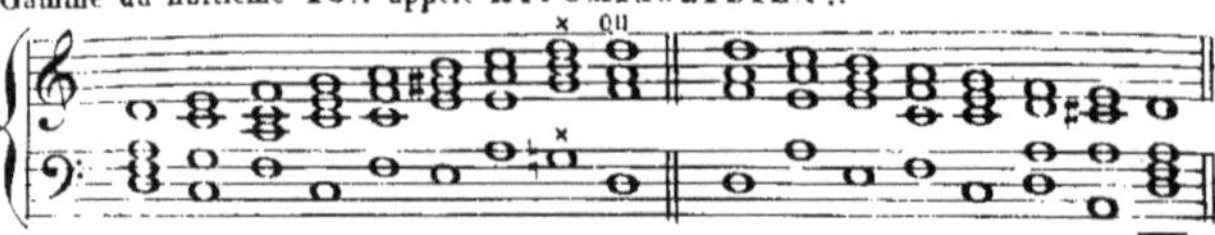

La gamme du huitième Ton irrégulier est la même que celle du 8.me proprement dit; cette dénomination se rapporte uniquement à la psalmodie de ce ton, qui est toute différente de celle du 8.me ordinaire.

RÉ, première, prend l'accord de **RÉ** mineur lorsqu'on y fait un repos.

RÉ, prend l'accord de **SOL** maj.r quand il passe à **UT**.

MI, seconde, s'accompagne de l'accod d'**UT** majeur.

MI, prend l'accord de **LA**, majeur quand il passe à **RÉ** pour y faire une cadence.

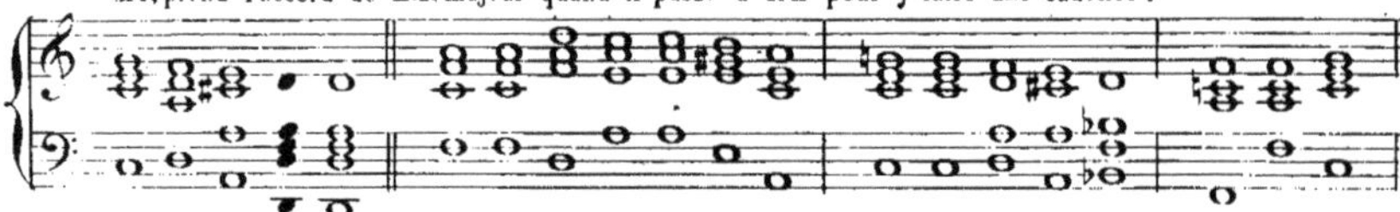

FA, troisième, s'accompagne de l'accord de **FA** majeur.

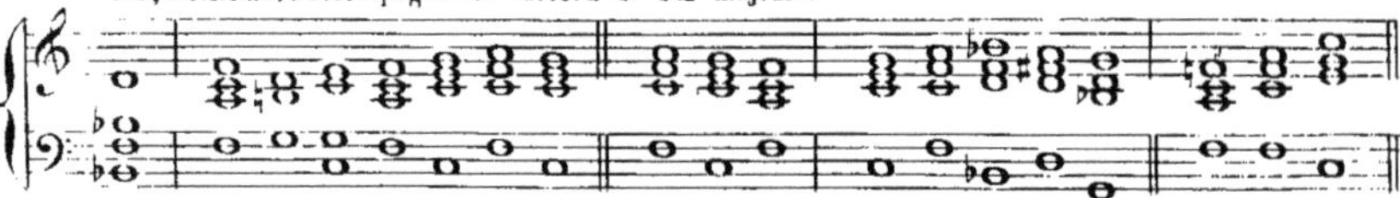

Lorsque de **FA** on passe à **RÉ**, soit pour y faire une cadence, soit pour l'éviter, on lui donne l'accord de **RÉ** mineur.

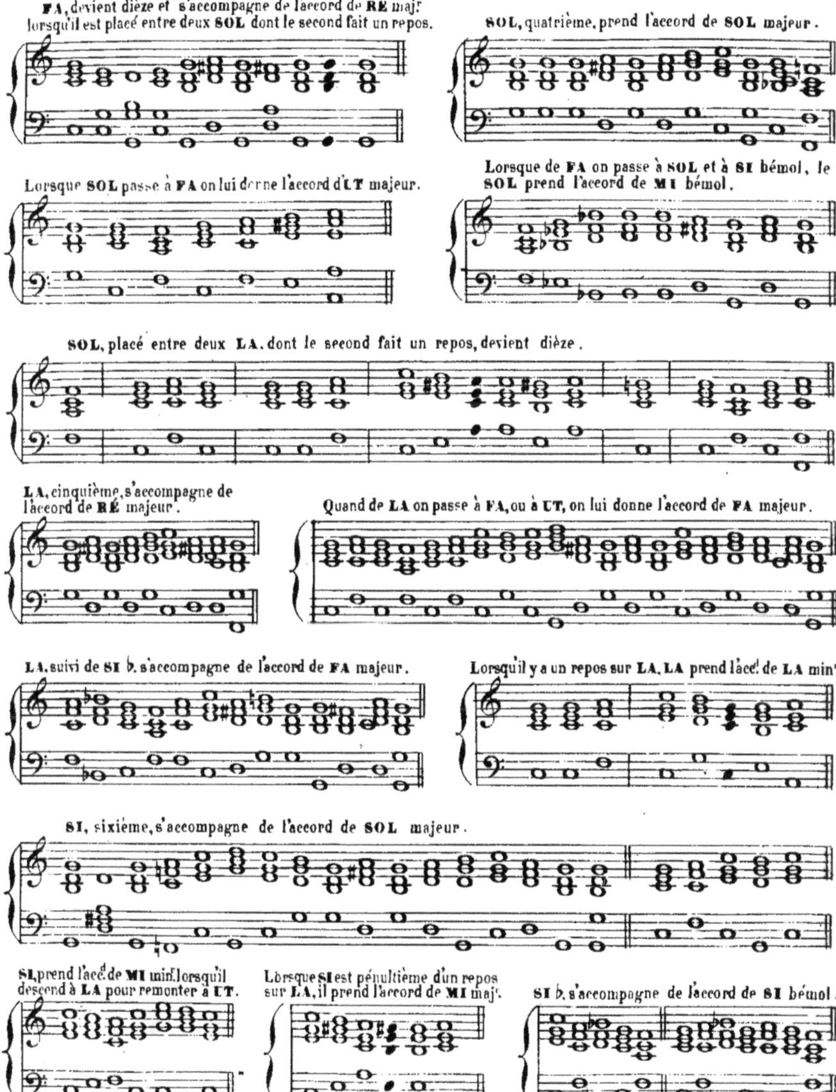
FA, devient dièze et s'accompagne de l'accord de RÉ maj.r lorsqu'il est placé entre deux SOL dont le second fait un repos.
SOL, quatrième, prend l'accord de SOL majeur.
Lorsque SOL passe à FA on lui donne l'accord d'UT majeur.
Lorsque de FA on passe à SOL et à SI bémol, le SOL prend l'accord de MI bémol.
SOL, placé entre deux LA, dont le second fait un repos, devient dièze.
LA, cinquième, s'accompagne de l'accord de RÉ majeur.
Quand de LA on passe à FA, ou à UT, on lui donne l'accord de FA majeur.
LA, suivi de SI ♭, s'accompagne de l'accord de FA majeur.
Lorsqu'il y a un repos sur LA, LA prend l'acc.d de LA min.r
SI, sixième, s'accompagne de l'accord de SOL majeur.
SI, prend l'acc.d de MI min.r lorsqu'il descend à LA pour remonter à UT.
Lorsque SI est pénultième d'un repos sur LA, il prend l'accord de MI maj.r
SI ♭, s'accompagne de l'accord de SI bémol.

UT, septième, prend l'accord d'**UT** majeur.

RÉ, huitième, prend l'accord de **SOL** majeur.

MI, et **FA**, additionnelles, s'accompagnent la première de l'accord d'**UT**, et la seconde de l'accord de **FA**. L'**UT** au grave prend l'accord d'**UT** majeur.

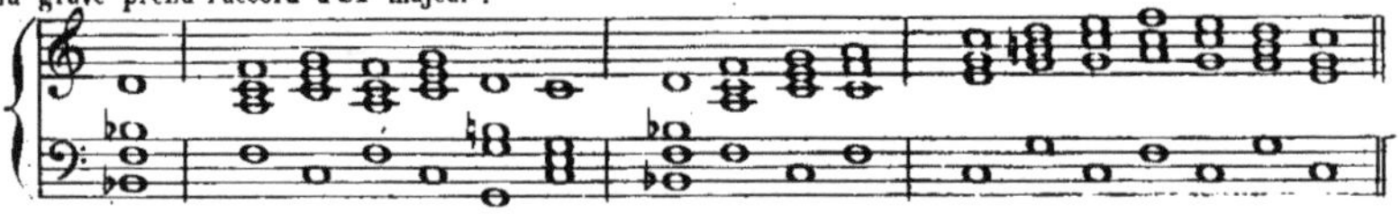

Antienne réalisée.

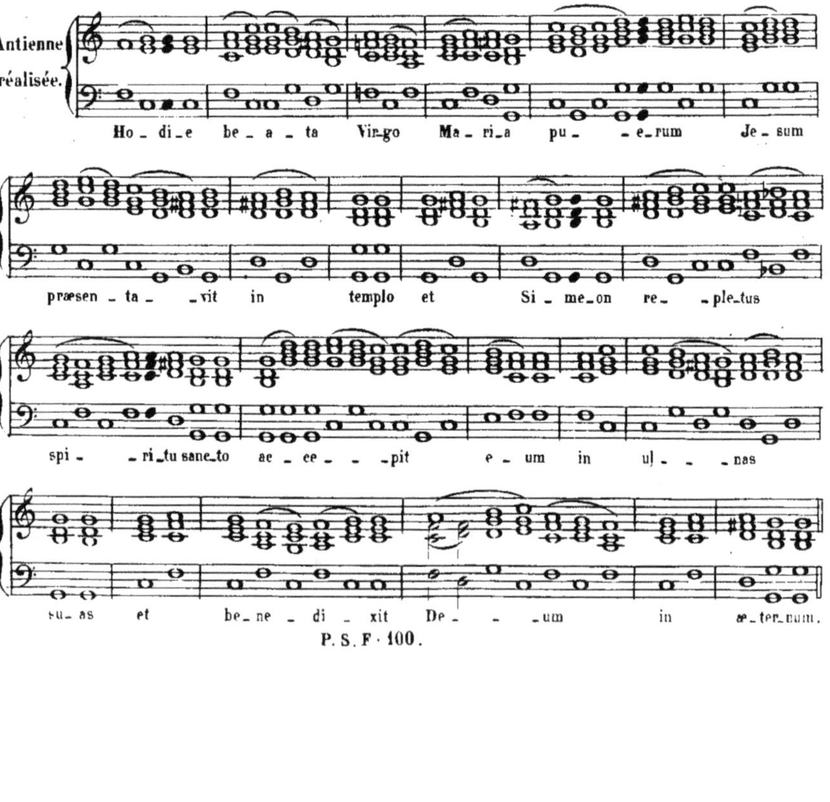

Ho_di_e be_a_ta Vir_go Ma_ri_a pu_ _e_rum Je_sum

præsen_ta_ _vit in templo et Si_me_on re_ _ple_tus

spi_ _ri_tu sanc_to ac_ce_ _ _pit e_um in ul_ _ _nas

su_as et be_ne_di_xit De_ _ _um in æ_ter_num.

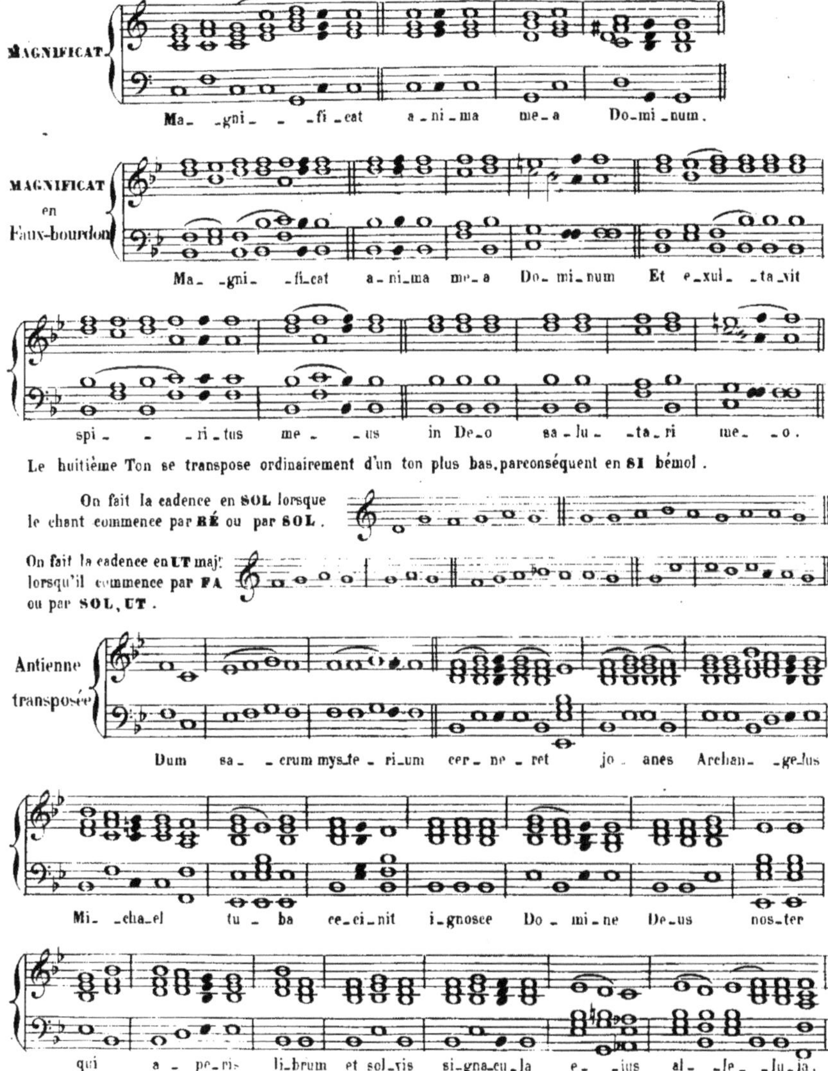
MAGNIFICAT
Ma_ _gni_ _ _fi_cat a_ni_ma me_a Do_mi_num.
MAGNIFICAT en Faux-bourdon
Ma_ _gni_ _fi_cat a_ni_ma me_a Do_mi_num Et e_xul_ _ta_vit
spi_ _ _ri_tus me_ _us in De_o sa_lu_ _ta_ri me_ _o.
Le huitième Ton se transpose ordinairement d'un ton plus bas, parconséquent en SI bémol.
On fait la cadence en SOL lorsque le chant commence par RÉ ou par SOL.
On fait la cadence en UT majr lorsqu'il commence par FA ou par SOL, UT.
Antienne transposée
Dum sa_ _crum mys_te_ri_um cer_ne_ret jo_ anes Archan_ _ge_lus
Mi_ _cha_el tu_ba ce_ci_nit i_gnosce Do_ mi_ne De_us nos_ter
qui a_ pe_ris li_brum et sol_vis si_gna_cu_la e_ _jus al_ _le_ _lu_ia.

Larghetto.
f
Je _ su co _ _ro _ na vir _ _gi _ num quem ma _ _ter
il _ _la con _ _ci _ pit quæ so _ la vir_go
par_ tu _ rit. hoc vo _ ta cle _ mens ac _ ci _ _pe.
Moderato.
N.º 1.

Le huitième Ton irrégulier ne diffère du huitième, proprement dit, que par la psalmodie, et comme les chants de ce ton n'employent que les notes les plus graves de la gamme, on le transpose moins souvent que le huitième.

www.ingramcontent.com/pod-product-compliance
Ingram Content Group UK Ltd.
Pitfield, Milton Keynes, MK11 3LW, UK
UKHW021949260726
13994UKWH00004B/1629